Jesper Juul

Leitwolf sein

*Elterliche Führung der Zukunft
und ihr geschichtlicher Hintergrund*

Jesper Juul

Leitwolf sein

Elterliche Führung der Zukunft
und ihr geschichtlicher Hintergrund

Inhalt

Vor einigen Jahren habe ich mich während eines Vortrags sehr kritisch zu einer in Mode gekommenen Erziehungsmethode geäußert, die nach dem Grundsatz verfährt, gehorsame und folgsame Kinder zu belohnen. ... Fast beschämt erzählte mir in der Pause die Leiterin eines kleinen Kindergartens, dass sie in Absprache mit den Erzieherinnen ebenjene Methode eingeführt habe, die ich so deutlich kritisiert hatte. Der Grund: „Wir waren nicht in der Lage, die Kinder am Ende des Tages dazu zu bringen, die Spielecke aufzuräumen". Meine Antwort lautete: Wenn es den Erwachsenen in einer Tageseinrichtung nicht gelingt, in einer Gruppe von Drei- bis Sechsjährigen eine Atmosphäre und Kultur von Mitarbeit und Teilnahme zu erzeugen, müssen sie dringend ihre zwischenmenschlichen Kompetenzen überdenken und sie zusammen mit ihrem Führungskonzept grundlegend ändern. Mit einer primitiven Methode, Kinder zu manipulieren, ist es jedenfalls nicht getan.

Jesper Juul

In dieser familylab-Schriftenreihe finden Sie zeitlose Gedanken zu Beziehung und Familie von Jesper Juul, und anderen Autoren. Die Überlegungen können Eltern, Lehrern, Mitarbeitern, Menschen in Leitungsfunktionen, wie auch Fachleuten dazu dienen, die Qualität ihrer Beziehungen zu reflektieren und zu modifizieren.

Der Autor

Jesper Juul, 1948 in Dänemark geboren, ist Lehrer, Gruppen- und Familientherapeut, Konfliktberater und Buchautor. Er war bis 2004 Leiter des »Kempler Institute of Scandinavia«, das er 1979 gründete. Mit 16 Jahren fuhr er zur See, jobbte später als Bauarbeiter, Tellerwäscher und Barkeeper. 1972 schloss er sein Studium der Geschichte, Religionspädagogik und europäischen Geistesgeschichte ab. Statt die Lehrerlaufbahn einzuschlagen, nahm er eine Stelle als Heimerzieher und später als Sozialarbeiter an und bildete sich in Holland und den USA bei Walter Kempler zum Familientherapeuten weiter. Seit Anfang der 1990er Jahre arbeitet er in Kroatien mit Flüchtlingsfamilien. Er lebt heute in Dänemark. 2006 gründete er das familylab, das mit Elternkursen und Schulungen in Deutschland, Österreich, der Schweiz und vielen weiteren Ländern aktiv ist. Seine Bücher wurden in viele Sprachen übersetzt.

Einleitung

In den siebziger Jahren hat die traditionelle westliche Kernfamilie im Zuge der antiautoritären Bewegung und des Kampfes der Frauen um Gleichberechtigung begonnen, sich aufzulösen – seitdem steckt das Konzept elterlicher Führung in einer Art Identitätskrise. Wie jede Krise bringt auch diese sowohl Leid als auch Potential für Wachstum und Veränderung mit sich.

Es besteht kein Zweifel, dass die Auflehnung gegen den autoritären Führungsstil von Staatsoberhäuptern, Regierungen, Bürokraten, Lehrern, Eltern und anderen unumgänglich war. Sie hatte zahlreiche positive Auswirkungen, sowohl auf die Gesellschaft als auch auf das Individuum. Vor allem aber sorgte sie dafür, dass das grundsätzliche Konzept von Macht unter die Lupe genommen und seine innere Logik in Frage gestellt wurde. Als diese politisch motivierte Bewegung von Menschen weitergeführt wurde, deren Rollen nicht durch Politik, sondern durch psychologische und existentielle Phänomene geprägt waren – beispielsweise von Lehrern und Eltern, die Verantwortung für die gesunde Entwicklung von Kindern und Jugendlichen trugen –, warf das eine Menge Fragen auf und führte zu tiefer Verunsicherung. In den achtziger und neunziger Jahren wurde deutlich, dass die politische Alternative zur Autokratie – die Demokratie – zwar eine konstruktive Zusammenstellung von Werten darstellte, dass sie aber nicht ausreichte, um die Menschen an der Macht mit neuen und besseren Leitlinien, Werten und Verhaltensweisen zu versorgen.

Was dann geschah, war, dass sowohl die öffentliche Debatte als auch die eher persönlichen Überlegungen von Erwachsenen in einer gegensätzlichen Begrifflichkeit gefangen waren: Es gab autoritär als das eine Extrem und faire oder „freie" Zusammenarbeit als das andere. Und „demokratisch" lag irgendwo dazwischen. Die Wahrheit ist jedoch, dass nichts innerhalb dieser beiden Pole das grundlegende Bedürfnis nach Nähe sowie nach persönlicher und gemeinschaftlicher Entwicklung sowohl von Erwachsenen als auch von Kindern abdecken kann. Das bedeutet, dass wir quer denken mussten, um eine wirkliche Alternative formulieren zu können. Wir mussten einen anderen Blickwinkel einnehmen und ein neues Paradigma schaffen.

In den letzten dreißig Jahren sind die Werte und der Kern dieses Paradigmas immer klarer geworden – dank der Millionen Eltern und Pädagogen, die ihr Leben und ihre Arbeit der Aufgabe gewidmet haben, herauszufinden, wie Kinder und Erwachsene besser zusammenleben und arbeiten können. Das Feedback der Kinder – sowohl ihre Aussagen als auch ihr Verhalten – hat dabei einen unverzichtbaren Beitrag geleistet. Parallel dazu wurden insbesondere in der Neurowissenschaft, in der Familientherapie und in der Entwicklungspsychologie wichtige Erkenntnisse gewonnen, die Daten und Perspektiven von unschätzbarem Wert liefern.

Ich hatte das Privileg, bei dieser Veränderung sowohl aufgrund meines Berufes als auch als Vater und Großvater dabei zu sein. Und obwohl der Veränderungsprozess gerade erst begonnen hat, möchte ich in diesem Essay versuchen, einige Erkenntnisse und Leitlinien zu formulieren. Ich hoffe, dass diese allen, die sich mit der Führungsaufgabe von Erwachsenen beschäftigen – egal ob sie Erfahrene oder Neulinge sind –, als Inspiration dienen.

Falls Sie die Hoffnung haben, dass ich in dem folgenden Text irgendeine Methode beschreibe, werden Sie enttäuscht werden. Es gibt kein Patentrezept, wenn es um menschliche Beziehungen geht, und die Leute, die das behaupten, sind eher gute Marketingleute als Menschen mit Beziehungs- oder Fachkompetenz. Kein Muster und keine Methode kann jemals den moralischen Konsens, der unser Denken so lange Zeit beherrscht hat, ersetzen oder uns ein vergleichbares Gefühl von Sicherheit und Gewissheit geben.

Aber – am Ende entscheiden Sie! Wir leben in einer Welt, in der es nicht nur möglich geworden ist, persönliche Entscheidungen zu treffen – es ist notwendig geworden! Entscheidungsfreiheit bringt persönliche Verantwortung mit sich, und ich hoffe, dass Sie ein bisschen mehr über sich selbst wissen, wenn Sie die folgenden Seiten gelesen haben.

Kinder brauchen Erwachsene, die die Führung übernehmen

Woher wissen wir das? Wir wissen es aus Erfahrung: Kindern, die in Familien aufwachsen, in denen es keine oder nur ungenügende Führung durch Erwachsene gibt, geht es nicht gut, und sie können sich nicht richtig entwickeln. Dafür scheint es zwei Gründe zu geben. Der eine ist, dass Kinder ihre Wünsche und Gelüste zwar gut kennen, sie sich aber ihrer grundlegenden Bedürfnisse nicht bewusst sind. Der andere Grund ist, dass man qualifizierte Anleitung braucht, um sich an eine Kultur anzupassen – an welche Kultur auch immer, sowohl in der Gesellschaft als auch innerhalb der Familie. Mit anderen Worten: Kinder werden mit großer Weisheit geboren, aber ihnen fehlen praktische Lebenserfahrung, Überblick und die Fähigkeit vorauszudenken. Um diese Kompetenzen zu erlangen, brauchen sie Erwachsene.

Wir müssen unbedingt begreifen, dass Führung und Erziehung völlig unterschiedliche Dinge sind, auch wenn die beiden Begriffe ständig miteinander verwechselt und im täglichen Sprachgebrauch sogar synonym verwendet werden. Um ein Kind aufzuziehen und zu erziehen, muss der Erwachsene die Führung übernehmen. Wenn er oder sie das nicht kann beziehungsweise nicht will oder wenn Führung auf destruktive Art und Weise ausgeübt wird, wird niemand Erfolg haben – der Erwachsene wird seine Ziele nicht erreichen, und das Kind wird nicht in der Lage sein, sich zu entfalten und seine Persönlichkeit zu entwickeln. Exakt formuliert müsste die Überschrift dieses Kapitels folgendermaßen lauten: *Um fruchtbare und tragfähige Beziehungen zwischen Erwachsenen und Kindern aufzubauen, müssen die Erwachsenen die Führung übernehmen.*

Ich arbeite jetzt seit vierzig Jahren als Familienberater und Familientherapeut, und in den letzten zwanzig Jahren bin ich einer ständig wachsenden Zahl von Eltern aus allen Gesellschaftsschichten begegnet, die sich über Themen wie morgens Aufstehen und Fertigwerden, Schlafen, Essen und Ähnliches beschweren. Diese Themen sind nicht an sich „problematisch", aber die Tatsache, dass so viele Eltern und Kinder mit ihnen zu kämpfen haben, ist ein klares Zeichen für zu wenig Führung. Das heißt nicht, dass elterliche Führung früher besser war – nicht in dem Sinne, dass sie dem Wohlbefinden und der gesunden Entwicklung von Kindern gedient hätte. Aber sie war klarer und konsistenter, und das sorgt an sich schon dafür, dass es weniger offene Konflikte gibt. Der gegenwärtige Ruf nach einer solchen elterlichen Führung klingt, als hätten heutige Eltern versehentlich den falschen Knopf gedrückt und müssten jetzt einfach den richtigen drücken. Wie Sie vielleicht wissen, ist es nicht ganz so einfach.

Wenn es um Führung innerhalb von Familien oder auch in Unternehmen geht, wird die Beziehung zwischen den Führenden und denen, die geführt werden, traditionellerweise als Subjekt-Objekt-Beziehung definiert – mit dem Kind oder dem Angestellten als Objekt. Inzwischen wissen wir, dass Subjekt-Subjekt-Beziehungen[1] für alle Beteiligten besser funktionieren, dass sie konstruktiver und fruchtbarer sind und dass sie mehr Gemeinsamkeit schaffen. Diese Eigenschaften wiederum fördern den Erfolg einer Beziehung im Sinne von Zufriedenheit, Gesundheit und Produktivität.

Diese Erkenntnis hat einem neuen Paradigma die Tore geöffnet, welches „Gleichwürdigkeit" als entscheidend für die Qualität einer Beziehung ansieht – sowohl zwischen Mann und Frau als auch zwischen Erwachsenem und Kind.[2] Die ideale durch Erwachsene ausgeübte Führung ließe sich folgendermaßen beschreiben: Sie ist *proaktiv, empathisch, flexibel, dialogbasiert und fürsorglich.*

Proaktiv zu sein bedeutet, dass man als Erwachsener in der Lage ist, seinen eigenen Werten und Zielen entsprechend zu handeln, anstatt lediglich auf das, was das Kind sagt oder tut, zu *reagieren. Empathie* ist die Fähigkeit, einen anderen Menschen wirklich wahrzunehmen. *Flexibel* zu sein bedeutet, dass man in der Lage und willens ist, Veränderungen und Entwicklungen bei dem Kind und bei sich selbst zu berücksichtigen – im Gegensatz zu der Haltung, immer „konsequent" zu sein. *Fürsorglich und dialogbasiert* zu sein bedeutet, dass man die Wünsche, Bedürfnis-

---

1 Daniel N. Stern: *Die Lebenserfahrung des Säuglings.* Stuttgart, 2010

2 Jesper Juul: *Dein kompetentes Kind: Auf dem Weg zu einer neuen Wertgrundlage für die ganze Familie.* Reinbek bei Hamburg, 2009

se, Gedanken, Ideen und Gefühle des Kindes ernst nimmt und berücksichtigt – auch dann, wenn sie den eigenen entgegengesetzt sind. Für Erwachsene, die auf diese neue Art und Weise Führung ausüben, ist der allerwichtigste Aspekt *persönliche Autorität.* Diesen Begriff werde ich im folgenden Kapitel näher erläutern.

Im Großen und Ganzen kann man sich eine Familie als einen Raum vorstellen, in dem jedes Familienmitglied so viel wie möglich von dem bekommt, was es für die bestmögliche Qualität seines Lebens braucht – und so wenig wie möglich von dem, was nicht gut für sein Leben ist. Will man Führung ausüben, die auf der Gleichwürdigkeit aller Familienmitglieder basiert, muss man dafür sorgen, dass es ein ungefähres Gleichgewicht gibt zwischen den Bedürfnissen der Gemeinschaft und den Bedürfnissen jedes einzelnen Familienmitgliedes.

Persönliche Autorität

Noch vor einer Generation gründete sich die Autorität von Erwachsenen auf deren Freiheit, nahezu unbegrenzt Macht auszuüben und zu missbrauchen. Eine weitere Grundlage war die jeweilige soziale Rolle als Mutter, Vater, Lehrer, Polizist oder Ähnliches. Diese Form von Autorität sorgte bei Kindern eher für Angst und Unsicherheit als für Vertrauen und Respekt. Die Angst wurde aufrechterhalten durch die Ausübung (und den Missbrauch) von Macht in Form von Drohungen sowie von verbaler und körperlicher Gewalt. Ein weiteres Machtinstrument war es, Liebe in all ihren unterschiedlichen Formen immer an Bedingungen zu knüpfen.

Einige Eltern und Lehrer – von Kindern oft als „hart aber gerecht" beschrieben – konnten sich echten Respekt bei ihren Kindern und Schülern verdienen, was teilweise einfach daran lag, dass die meisten Autoritäten rücksichtslos und ungerecht waren und ihre Macht willkürlich und ausschließlich den eigenen Bedürfnissen entsprechend ausübten. Das war an der Tagesordnung, und es hatte nichts mit dem Fehlen von Liebe zu tun. Das war *die* Art und Weise, wie sich Liebe in den meisten Familien zeigte und wie Pädagogen in den Institutionen arbeiteten.

In den siebziger und achtziger Jahren gab es zwei wichtige Entwicklungen, die diese alten Regeln und Muster für immer verändert haben. Die eine war die antiautoritäre Bewegung, die Erwachsene dazu brachte, auch ihre Rolle in Bezug auf Kinder zu hinterfragen. Die andere war der Entschluss der Frauen, aus ihrer traditionellen Rolle auszubrechen und ihr Schicksal und ihr Glück selbst in die Hand zu nehmen. Beide Bewegungen legten offen, wie Macht benutzt und missbraucht wurde und wie Schwächere auf so gnadenlose Art und Weise unterdrückt wurden, dass dies einfach nicht mehr unwidersprochen hingenommen werden konnte.

Wenn ein Kind auf die Welt kommt, ist es unbelastet von der gesellschaftlichen und politischen Geschichte der Eltern und Vorfahren, es ist ganz und gar bereit und begierig, die Zukunft geschehen zu lassen.

Es stellt weder seine eigene Existenz noch sein Recht zu existieren in Frage. Sehr bald gab es eine Verschiebung in der pädagogischen Arbeit mit Vorschulkindern, und *persönliche Entwicklung* löste Anpassung als Zielsetzung ab – zumindest in der Theorie. In den Schulen (vor allem in den skandinavischen Ländern) begann ein Veränderungsprozess weg von der Autokratie hin zur Demokratie, der wesentlich langsamer war. Es war das erste Mal, dass dem Menschen als Individuum Wert zugesprochen wurde, und natürlich machte das alle bis dahin bekannten Führungsstile unmöglich. Tatsächlich war die entstandene Lücke so spürbar, dass viele Experten anfingen, über „den „Tod der Familie, „Chaos in den Schulen" und ähnliche Horrorszenarien zu schreiben. Nostalgiker begannen, kaum verdeckte Anspielungen auf die „guten alten Zeiten" zu machen, in denen man Frauen und Kinder nur „sehen, aber nicht hören sollte".

Also, es stimmt – Führung durch Erwachsene wird nie mehr so sein, wie sie einmal war. Da wir sie jedoch nach wie vor brauchen, arbeiten wir besser weiter daran, herauszufinden, wie wir sie so neu erfinden können, dass die Führenden sowohl die persönliche Integrität derer, die sie führen, als auch die eigene nicht verletzen. Das ist die gewaltige Herausforderung, der Eltern und Pädagogen heute gegenüberstehen. Sie sind die wahren Pioniere, und man sollte ihnen jeden Tag Beifall dafür spenden, dass sie durchhalten und engagiert an diesem Prozess dran bleiben. Vielleicht werden ihr Einsatz und ihre Erfahrungen am Ende dazu führen, dass die psychologische Entwicklung der Menschheit auf den gleichen Stand kommt wie die technologische und die ökonomische.

Der wichtigste Faktor bei diesem Veränderungsprozess heißt *persönliche Autorität.* Sie ist der beständigste Ersatz für die traditionelle *auf Rollen basierende* Autorität. Persönliche Autorität gründet sich auf Selbstwertgefühl, Selbsterkenntnis, Selbstachtung, Selbstvertrauen und auf unsere Fähigkeit, unsere persönlichen Werte und Grenzen ernst zu nehmen, ohne dabei der Versuchung zu erliegen, uns aufzublasen. *Nicht zuletzt* gründet sie sich auch auf unsere Fähigkeit, andere Menschen ernst zu nehmen und ihnen mit Empathie und Respekt zu begegnen.

Warum ist das so schwierig für so viele von uns? Ich denke, dafür gibt es drei Gründe: Der erste ist, dass die meisten von uns dazu erzogen wurden, sich anzupassen und anzugleichen und so die eigene Persönlichkeit zu vergessen. Der zweite Grund ist – besonders bei Frauen – die Angst, als egozentrisch und von sich selbst besessen abgestempelt zu werden. Der dritte ist der akute Mangel an brauchbaren Rollenvorbildern. Die meisten von uns wurden von Eltern und Pädagogen aufgezogen, die nicht wirklich daran interessiert waren, *wer* wir waren – folglich haben wir selbst es auch nie herausgefunden. Das bedeutet, dass wir vor der Herausforderung stehen, Eigenschaften zu leben und zu kommunizieren, denen weder in unseren Ursprungsfamilien noch in unseren Schulen irgendein Wert beigemessen wurde.

Die gute Nachricht ist, dass es machbar ist und dass es die Qualität unseres Lebens, unserer Arbeit und unserer persönlichen Beziehungen verbessern wird. All das können wir mit und von unseren Kindern lernen – wenn wir uns dafür entscheiden! Ginge man nach der alten Denkweise, würde eine solche Haltung zu dem Verlust von Respekt seitens unserer Kinder und Schüler führen. Tatsächlich aber schafft sie Respekt – und zwar eine viel tiefere Form von Respekt, als es je gab. Es kann sein, dass Sie nicht mehr so viele hierarchische Entscheidungen treffen können wie früher, doch Sie werden stärkeren Eindruck hinterlassen und mehr Einfluss haben.

Wenn wir diesen Schritt gehen, werden wir Angst und Sorge verspüren, denn wir verlieren das Geländer, an dem wir uns bislang festgeklammert haben, um uns sicher und wertvoll zu fühlen. Es ist also Zeit, dass wir uns mit der Zwillingsschwester persönlicher Autorität bekannt machen – mit persönlicher *Verantwortung*.

Persönliche Verantwortung

Persönliche Verantwortung erwächst aus der Erkenntnis, dass ich für meine Handlungen und für meine Entscheidungen selbst verantwortlich bin – das beinhaltet auch die Entscheidung, wie ich mit meiner Familie leben will, wie ich für sie sorgen will und wie ich meine Kinder aufziehen möchte. Möglicherweise werden meine Schwester, meine Mutter oder meine Schwiegermutter versuchen, mich zu beeinflussen, womöglich wollen sie mir sogar den Unterschied zwischen richtig und falsch beibringen. Doch letztendlich werden sie nicht die Verantwortung für meine Entscheidungen übernehmen oder sie auch nur mit mir teilen. Verantwortung muss ich selbst übernehmen, und mit etwas Glück kann ich sie mit meinem Partner teilen.

Wohlgemerkt, ich spreche über Verantwortung, nicht über Schuld. Wir sind alle mitverantwortlich für das, was unsere Nächsten und Liebsten tun. Das liegt in der Natur naher Beziehungen. Doch wir sind nicht schuld an allem, was ihnen passiert. Solange unsere Kinder bei uns leben, sind wir zu einhundert Prozent dafür verantwortlich, wie sie sich entwickeln. Das ist die Macht, die Eltern haben. Mit anderen Worten, Sie sollten sich nicht schuldig dafür fühlen, dass Sie nicht perfekt sind und dass Sie nicht von Anfang an alles richtig machen. Aber achten Sie auf das Feedback, das Sie bekommen, nehmen Sie es ernst und übernehmen Sie Verantwortung für Ihre Fehler und Unzulänglichkeiten. Das wird die Schuldgefühle draußen halten, und dort werden sie mit der Zeit verdorren und absterben, statt Ihr Leben zu vergiften.

Es ist eine der ältesten und destruktivsten Gepflogenheiten in der Beziehung zwischen Erwachsenen und Kindern, dass die Erwachsenen ihren Kindern oder Schülern konsequent die Schuld geben für die eigenen Fehler. Die Botschaft lautete und lautet noch immer: Wenn die Beziehung zu meinem Kind erfolgreich ist, ist das *mein* Erfolg. Wenn sie es nicht ist, ist das *seine* Schuld. Diese Doppelmoral war mehr als zweihundert Jahre lang ein allgemein anerkanntes und zulässiges Alibi für Eltern und Lehrer. Sie ist auch heute noch weithin akzeptiert, obwohl alle Fakten über die Natur zwischenmenschlicher Beziehungen eine andere Sprache sprechen. Wenn wir unser Denken von diesem Irrglauben befreien, wird sich unser Verhalten verändern, und das ist das Machtvollste, was wir tun können, um persönliche Autorität zu erlangen. Falls wir nicht bereit sind, das zu tun, wird unsere Autorität dagegen hohl werden, denn auf diese Weise definieren wir uns selbst als Opfer. Wir sind dann angewiesen auf unsere körperliche, emotionale, verbale, soziale und ökonomische Macht, und auf diese Weise kann es keine qualitative Verbesserung geben.

In jeder längeren Beziehung zwischen Erwachsenen und Kindern sind die Erwachsenen zu einhundert Prozent verantwortlich für die Qualität der Beziehung (den zwischenmenschlichen Prozess). Kinder sind zwar kompetent, und sie haben großen Einfluss, doch sie sind ganz einfach außerstande, eine solche Verantwortung zu übernehmen. Werden sie verantwortlich oder schuldig gemacht, können sie sich nicht richtig entwickeln. Die Art und Weise, wie die wichtigsten Erwachsenen im Leben eines Kindes diese Verantwortung bewältigen, ist für die Entwicklung des Kindes entscheidend.

Persönliche Verantwortung und Autorität ermöglichen es uns, klar und mit einem guten Gewissen zu sagen, was wir wollen, nicht wollen, mögen und nicht mögen. Das sind fünfzig Prozent von dem, was wir können müssen, um uns den Respekt und das Vertrauen unserer Kinder zu verdienen. Unsere Empathie und unser Wunsch, etwas darüber zu erfahren, wer *sie* sind – also was sie wollen, nicht wollen, mögen und nicht mögen –, machen die restlichen fünfzig Prozent aus. Dieser Punkt führt uns zu den Möglichkeiten, die wir haben, unser Selbstwertgefühl aufzubauen und unseren Kindern dabei zu helfen, das Gleiche zu tun.

Selbstwertgefühl

Es ist interessant und ein bisschen deprimierend, dass die meisten Bücher und Aufsätze über Elternschaft und Erziehung sich ausschließlich der Beschreibung kindlicher Bedürfnisse widmen und kaum Einblick in die Bedürfnisse der Erwachsenen bieten. Das ist bedauerlich, denn die meisten Dinge, die wir in Bezug auf unsere Kinder tun, sind dadurch geprägt, wer wir sind, wie unsere Lebensgeschichte aussieht und welche Überlebensstrategien wir in unseren Ursprungsfamilien entwickelt haben. Einige dieser Erfahrungen werden sich als konstruktiv im Zusammenleben mit unseren Kindern erweisen, andere als eher nicht hilfreich.

Ich will damit nicht implizieren, dass wir alle erst intensive Psychotherapien machen müssen, bevor wir Eltern oder Pädagogen werden können. Ich stelle lediglich fest, dass es zu unserer Verantwortung als Führende gehört, uns dieser Tatsache bewusst zu sein und – wenn nötig – diesbezüglich etwas zu unternehmen. Erst vor einer Generation wäre diese Feststellung als Ungeheuerlichkeit und als Versuch Autorität zu untergraben angesehen worden. Heute ist sie eine Selbstverständlichkeit.

Vor zwei Generationen war der Beginn der Mutterschaft für viele Frauen mit relativ viel Selbstvertrauen verbunden, da sie unter Anleitung ihrer eigenen Mütter schon viel Zeit mit jüngeren Geschwistern verbracht und sich in anderen Familien als Babysitter erprobt hatten. Das ist bei den jungen Frauen von heute eher selten der Fall, und dementsprechend fühlen sie sich viel unsicherer in Bezug auf ihre eigenen Kompetenzen, wenn sie Mütter werden. Dieser Mangel an „festem Boden" unter den Füßen ist auch für junge Väter charakteristisch.

Selbstvertrauen ist dadurch gekennzeichnet, dass es durch praktische Anwendung, Übung und Erziehung aufgebaut wird und dass es an bestimmte Fähigkeiten geknüpft ist. Junge Eltern können jede Menge Selbstvertrauen haben in Bezug auf ihre praktischen oder akademischen Fähigkeiten und Leistungen, beim Sport, in den Künsten, in Diskussionen oder bei Computerspielen – und bei alledem doch zu wenig Selbstvertrauen als Eltern. Das bedeutet keineswegs, dass sie als Eltern untauglich wären, aber es macht es für sie notwendig, mit ihren Kindern so viele und so nahegehende Erfahrungen wie möglich zu sammeln – und zwar so früh wie möglich. Bei ihrem zweiten Kind werden sie dann wesentlich besser vorbereitet sein, obwohl das zweite Kind ganz anders sein wird und sie sich wieder neue Fähigkeiten aneignen werden müssen.

Selbstvertrauen hat mit Können und mit Leistung zu tun – mit dem, was wir *machen* können und gut machen. Selbstwertgefühl gehört dagegen zu einer vollkommen anderen Welt.[3] Es hat damit zu tun, *wer wir sind* und wie wir dazu stehen, wer wir sind. Es beschreibt ein existentielles Phänomen, das nahezu vollständig von elterlicher Führung abhängt. Wenn unsere Eltern in unserer Kindheit Interesse für unsere Gedanken und Gefühlen zeigen und sie unseren Reaktionen und unserem Verhalten mit Neugier begegnen, werden wir eine Menge über uns selbst wissen, wenn wir das Erwachsenenalter erreichen, und wir werden über ein realistisches und differenziertes Selbstbild verfügen. Die zweite Dimension des Selbstwertgefühls – wie wir kognitiv und emotional dazu stehen, wer wir sind – hängt ebenfalls nahezu vollständig von unseren Eltern ab, von ihrem Verhalten, ihren Wertvorstellungen, ihren Zielen und vor allem davon, wie stark oder schwach ausgeprägt ihr eigenes Selbstwertgefühl ist und wie sie damit umgehen.

Will man als Erwachsener Selbstwertgefühl aufbauen, braucht es dafür eine bewusste Anstrengung. Viele Wege führen dabei nach Rom – und an genauso vielen Orten kann man die Reise beginnen. Meiner Erfahrung nach ist gegenseitiges Lernen zwischen Partnern beziehungsweise zwischen Eltern und Kindern einer der Wege, die für die ganze Familie am wir-

---

3 Jesper Juul: *Dein kompetentes Kind: Auf dem Weg zu einer neuen Wertgrundlage für die ganze Familie.* Reinbek bei Hamburg, 2009

Jesper Juul und Helle Jensen: *Vom Gehorsam zur Verantwortung: Für eine neue Erziehungskultur.* Weinheim, Basel, 2009

kungsvollsten, vergnüglichsten und erfolgreichsten
sind. Hier kommt also der vierte Eckpfeiler der Führung durch Erwachsene.

Gegenseitiges Lernen

Traditionell wurde das Aufziehen beziehungsweise die Erziehung von Kindern als eine Art Einbahnstraße gesehen und auch definiert. Nach dieser
Auffassung wurde alles (Wertvolle und Wichtige)
ausschließlich von dem Erwachsenen an das Kind gegeben. Diese Einbahnstraße hat sich inzwischen als
eine Sackgasse erwiesen, in der alle stecken bleiben.

Jedes Mal, wenn ich das Konzept gegenseitigen
Lernens im Zusammenhang mit Elternschaft erwäh-
ne, gibt es ein paar aufgebrachte Eltern, die fragen:
„Ist das dein Ernst? Glaubst du wirklich, dass Kinder
Eltern beibringen können, Eltern zu sein? Hast du
vollkommen den Verstand verloren?" Sie fragen so,
weil sie die alte Einbahnstraße gedanklich einfach
nur umkehren und sich ihre Kinder als Lehrer und
sich selbst als Schüler vorstellen – was natürlich nicht
gemeint ist.

Alle Eltern eines einjährigen Kindes wissen, was
gegenseitiges Lernen ist und wie es abläuft. Von dem
Moment an, in dem ein Baby auf die Welt kommt,
sind wir fokussiert, interessiert und neugierig: Was
braucht die Kleine jetzt? Was bedeutet dieses Weinen? Ist ihr zu warm oder zu kalt, ist sie hungrig, wütend, müde, oder müssen ihre Windeln gewechselt
werden? Scheinbar mag sie Tante Chrissie nicht, aber

wenn Onkel Ben zu Besuch kommt, ist sie immer reizend. Jeder Tag bringt uns Dutzende von Fragen, und nach und nach lernen wir durch einen fortwährenden Prozess von Versuch und Irrtum, worum es bei ihr geht. Ohne die Befähigung des Babys, uns Feedback zu geben, und ohne seine Energie würden wir im Dunkeln tappen.

Dann – üblicherweise, wenn das Kind etwa ein Jahr alt ist – werden wir plötzlich voreingenommen, und wenn das Kind dann etwa zwei Jahre alt ist, verlieren viele Eltern das Interesse dafür und die Neugier darauf, wer dieses kleine Mädchen ist und wie es sich entfaltet. Sie ersetzen diese Haltung durch ein Bild davon, wie ihr Kind sein und werden sollte. Sie kommen vom Lernen ins Lehren, vom Führen und Sichführenlassen zum Anweisen und Verbessern, vom Dialog zum Monolog und von Lernprozessen zu Machtkämpfen. Von dem Vergnügen an der bloßen Existenz und der Kreativität des Kindes kommen sie zu einer Haltung, die aus ihrem Kind ein Projekt macht, welches hier und heute beginnt und irgendwann in der Zukunft abgeschlossen sein wird.

Das passiert aus allen möglichen Gründen, von denen nur einige wenige gut und berechtigt sind. Viele dieser Gründe haben mit Traditionen und Irrmeinungen zu tun – wie zum Beispiel die sogenannte „Trotzphase" –, andere mit dem Druck der Außenwelt. Beispielsweise sind manche Kindertagesstätten so dreist, zu verlangen, dass die Kinder ab einem bestimmten Alter fähig sind, auf die Toilette oder auf das Töpfchen zu gehen, weil das die Arbeit erleichtert. Oder es wird verlangt, dass die Kinder trainiert worden sind, ihren Mittagsschlaf zu einer ganz bestimmten Zeit zu machen, und dass sie ab einem bestimmten Alter keinen Mittagsschlaf mehr machen. Manche gehen so weit, zu fordern, dass alle Kinder zur gleichen Zeit auf die Toilette gehen sollen und dass sie außerhalb dieser Zeit *nicht* gehen sollen.

Das alles ist an sich schon schlimm genug, aber es wäre vielleicht gerade noch zu ertragen, wenn es nur eine Sache zwischen Kindern und Pädagogen bliebe. Doch so ist es nicht. So etwas setzt Eltern enorm unter Druck, und es zwingt sie dazu, ihre Führung auf eine Art und Weise auszuüben, die sie normalerweise ablehnen würden. So werden sie unglaubwürdig, und das Theater fängt an. Manche dieser Tagesstätten treten auf wie Fabrikdirektoren, die ihre Zulieferbetriebe instruieren. Sie kommen damit durch, weil so viele Eltern tiefe Angst davor verspüren, ein Kind zu haben, das den statistischen Vorgaben nicht entspricht. Falls Sie auch zu diesen Eltern gehören – halten Sie inne und denken Sie nach! Es ist vollkommen in Ordnung, wenn Sie Ihr Kind jeden Tag für ein paar Stunden in die Obhut von Pädagogen geben – aber treten Sie niemals Ihre elterliche Autorität und Integrität an Fremde ab.

Der Prozess gegenseitigen Lernens geht ein Leben lang weiter, und er wird am meisten Erfolg haben, wenn die Beziehung als gleichwürdig gesehen wird. Beziehungen zwischen Eltern und Kindern können niemals gleichberechtigt sein, dafür ist der Machtunterschied zu groß. Dieser Unterschied ist genau der

Grund, warum ich den Begriff Gleichwürdigkeit eingeführt habe – er beschreibt das Ethos der Führung
durch Erwachsene.

Beispiel

Max ist drei Jahre alt.

Sein Vater: *Auf geht's, Max! Jetzt ist es Zeit, dass du
Zähne putzt.*

Max: *Aber, Papa, warum? Ich will nicht Zähne
putzen!*

Vater: *Weißt du, warum du nicht willst?*

Max: *Nein ... ich will einfach nicht.*

Vater: *Schade, ich würde es wirklich gern
wissen.*

Max: *Ich weiß es aber nicht.*

Vater: *Okay, dann denk doch mal darüber nach
und sag mir Bescheid, wenn du es weißt.
Und lass uns in der Zwischenzeit das
Zähneputzen erledigen.*

Max: *Aber ich hab gesagt, dass ich nicht will!*

Vater: *Ja, das habe ich gehört. Aber solange
du noch ein Kind bist, bin ich verantwortlich für deine Gesundheit.*

Also los, bringen wir's hinter uns.

Max: *Okay, aber pass auf, dass du mir
            nicht wehtust.*

Ginge man nach dem alten Paradigma, würde man diesen Dialog als pure Zeitverschwendung sehen. Der Vater weiß, dass er seinem Sohn auf jeden Fall die Zähne putzen wird, warum also so viel Zeit und Energie verschwenden?

Der Grund ist folgender: Wenn die einzige Option für ein Kind ist, die Hacken zusammenzuknallen und „Jawohl!" zu brüllen, dann verliert es dabei seine Würde (das Gleiche gilt übrigens für Erwachsene). Die meisten Kinder werden auf eine solche Situation reagieren, indem sie gegen ihren Vater kämpfen – indem sie wegrennen, den Mund zusammenpressen oder ihr Gesicht mit den Händen schützen. Und schon ist man mitten in einem Machtkampf und das nur, weil das Kind sich sprachlich noch nicht gut genug ausdrücken kann, um zu sagen: „Hör mal zu, Papa! Vielleicht lasse ich zu, dass du meine Zähne putzt, aber ich werde auf keinen Fall zulassen, dass du mich meiner persönlichen Würde beraubst – auf keinen Fall!"

Immer, wenn Kinder versuchen, ihre persönliche Integrität zu schützen, haben sie dafür einen guten Grund – nämlich die Art und Weise, wie sie die Dinge erleben. Das ist bei Kindern genauso wie bei Erwachsenen. Wenn Sie also in einen Machtkampf mit einem Kind geraten, liegt das meistens daran, dass Sie die

Macht wollen und das Kind versucht, seine persönliche Integrität – zu der auch seine Würde gehört – zu schützen. Kinder haben kein Interesse daran, Macht über ihre Eltern zu haben. Aber sie messen ihrer Autonomie und ihren persönlichen Grenzen hohen Wert bei, und sie werden solange für diese kämpfen, bis sie schließlich gebrochen und erniedrigt sind. Noch vor einem halben Jahrhundert war dieser Schaden oft dauerhaft, und er verkrüppelte Kinder für den Rest ihres Lebens. Heutzutage nutzen sie eher die Gelegenheit, es als Teenager noch einmal zu versuchen.

Jedes Kind ist einmalig, und auch die Eltern sind es. Zusammen sind sie eine einzigartige Quelle der Inspiration und der Erkenntnis. Kinder haben keine Vorstellung davon, dass ihre Eltern ganz bestimmte persönliche Grenzen haben, die sich von ihren eigenen unterscheiden. Folglich erreichen und überschreiten Kinder diese Grenzen permanent, und durch das verbale und nonverbale Feedback, das sie dann bekommen, lernen sie etwas. Hier kommt Führung in Form von Anleitung ins Spiel. Wenn Ihr eineinhalbjähriger Sohn Ihnen auf den Schoß klettert und damit beginnt, Ihre Handbewegungen auf der Laptop-Tastatur nachzuahmen, nehmen Sie seine Hände, schauen Sie ihm freundlich in die Augen und sagen Sie: „Hör zu, mein Sohn. Ich will nicht, dass du mein Laptop anfasst. Tust du mir den Gefallen?" Er wird dann wahrscheinlich mit Ihnen spielen wollen, also schüttelt er den Kopf und sagt „Nein!" mit so einem ganz bestimmten Blick in den Augen. Umarmen Sie ihn, geben Sie ihm einen Kuss, setzen Sie ihn auf den Boden und sagen Sie „Danke!" Wird er es wieder tun? Ja, natürlich wird er das. Er ist so damit beschäftigt, eine halbe Million neuer Dinge über sich selbst, seine Eltern und die Welt zu lernen, dass alle Erfahrungen wiederholt werden müssen, damit er sie verinnerlichen kann. Wenn Sie sich Sorgen um Ihr Laptop machen, klappen Sie es zu und schieben Sie es außer Reichweite, bevor Sie ihn auf den Schoß nehmen.

Ihr Sohn liebt seine Eltern vorbehaltlos, er vertraut ihnen zu hundertfünfzig Prozent, und er findet, dass er die besten Eltern auf der ganzen Welt hat. Im Alter von fünf Jahren wird er Tausende von direkten Erfahrungen mit den Grenzen, Regeln, Werten, Routinen und Richtlinien seiner Eltern gesammelt haben – und mit denjenigen des Kindergartens, seiner vier bis sechs Großeltern, einiger Tanten und Onkel und der Eltern seines besten Freundes. All diese Erfahrungen wird er in seine Persönlichkeit und in sein Verhalten integriert haben. Man kann es drehen und wenden, wie man will – das ist eine unglaubliche Leistung für ein Vorschulkind, und alles, was er dabei von Ihnen braucht, ist verlässliche Führung. Dass er Ihre persönliche Autorität braucht, heißt nicht, dass Sie ihn dazu bringen sollen, sich zu unterwerfen und zu kooperieren – er braucht diese, weil er in der Lage sein muss, Ihnen zu vertrauen. Er muss darauf vertrauen können, dass Sie wissen, was Sie tun, und dass Sie es zum Wohl der Gemeinschaft tun.

Sie können ihrem Kind vertrauen

In der Zeit, als ich erwachsen wurde, hat meine Mutter manchmal gesagt: „Aus dir wäre nie ein anständiger Mensch geworden, wenn wir – deine Eltern – nicht gewesen wären!" Sie war vollkommen von der Wahrheit dieser Aussage überzeugt, und sie hatte keine Vorstellung davon, wie niederschmetternd sich das für mich anfühlte. Ich habe geschuftet wie ein Ochse, um mit meinen Eltern zu kooperieren, und ich habe dafür einen hohen Preis gezahlt. Ich habe bezahlt mit dem Verlust von Selbstwertgefühl und mit dem Verlust des Gefühls, als Sohn und als Mensch wertvoll zu sein. Doch es gibt keinen Grund, meiner Mutter Vorwürfe zu machen, schließlich hat sie nur ihre Eltern und höchstwahrscheinlich auch deren Eltern kopiert. Darüber hinaus gehörten meine Eltern zu einer Generation, der gesagt wurde, dass Kinder primitiv, unkooperativ, asozial und unfähig zu Empathie wären und dass man sie an der kurzen Leine halten müsse, um sie dazu zu bringen, die genannten menschlichen Qualitäten zu erlangen und zu integrieren. Diese Haltung fußte auf einem etwas holprigen Verständnis der Theorien Sigmund Freuds, vor allem aber auf der damaligen Moral.

Inzwischen haben wir viel darüber gelernt, wie Kinder funktionieren und sich entwickeln, und das hat das alte Bild von ihren Fähigkeiten und Eigenschaften verändert. Heute stützt sich das Aufziehen und Erziehen von Kindern viel fester auf Wissen und weniger auf Moral.Es gibt drei Erkenntnisse, die besonders hervorstechen, wenn es um die Führung durch Erwachsene geht:

- Die alte Frage „Ist es die Biologie oder die Umwelt?" wurde jetzt von der Neurowissenschaft beantwortet, und die Antwort lautet „Ja!" – es sind Biologie *und* Umwelt, die das Verhalten kleiner Kinder formen. Ein Säugling kommt mit einem Potential von Millionen möglicher und unterschiedlicher Hirnstrukturen auf die Welt, und wie diese sich ausbilden, hängt in großem Maße von den zwischenmenschlichen und sozialen Erfahrungen des Kindes ab.

- Die zweite Erkenntnis ist, dass Kinder den Verhaltensmustern ihrer Eltern entsprechend kooperieren, sich anpassen und ihr Verhalten angleichen. Das tun sie, ohne darüber nachzudenken oder zu planen, und in diesem Sinne ist es richtig, wenn man sagt, dass Kinder ganz unschuldig zu ihrem Verhalten kommen – ob dieses nun von den Eltern erwünscht oder nicht erwünscht ist.

- Drittens sind die Reaktionen von Kindern immer sinnvoll. Sie sind nie zufällig, sie sind nicht hysterisch und es steckt keine gute oder schlechte Absicht hinter ihnen. Sie sind einfach fundiertes Feedback für die Erwachsenen, die im Leben des Kindes die wichtigsten Bezugspersonen sind. Ähnlich wie bei Neugeborenen ist dieses Feedback manchmal schwer oder sogar unmöglich zu entschlüsseln, aber es steht immer für Kooperationsbereitschaft und für den Versuch des Kindes, für seine Familie von Wert zu sein.

Ich habe in einigen meiner Bücher ausführlich über das Phänomen kindlicher Kooperation geschrieben. Dabei ging es auch um die Erkenntnis, dass sich der Wille des Kindes, zu kooperieren oder einfach das Verhalten der Eltern (sowohl innerlich als auch äußerlich) nachzuahmen, auf zwei Arten äußern kann – manchmal kommt dabei eine direkte Kopie heraus (Papa schlägt Mama, also trage ich das nach außen und schlage meine Freunde) und manchmal eine spiegelverkehrte Kopie (Papa schlägt Mama, also verlagere ich das nach innen und werde selbstzerstörerisch).

Den Begriff „kooperieren" zu verwenden, ist natürlich paradox, denn das Verhalten des Kindes ist zwar ein wertvoller und oft herausfordernder Beitrag zu der Beziehung zwischen Eltern und Kind, aber es nicht immer das, was sich die Eltern gewünscht hätten.

Beispiel

Liam ist drei Jahre alt, und er hat sich angewöhnt, seinem kleinen Schwesterchen an den Haaren zu ziehen. Seine Eltern versuchen, ihn davon abzuhalten und mit ihm zu argumentieren, aber sein Verhalten ändert sich nicht. Als letztes Mittel entscheiden sie sich für das sogenannte „Time-Out", wenn er sich schlecht benimmt. Sie schicken ihn in sein Zimmer, schließen die Tür, und er darf erst wieder herauskommen, wenn sie es ihm erlauben. Nachdem Liam das ein paar Mal erlebt hat, ändert er sein Verhalten. Er geht zu seiner Schwester, zieht ihr an den Haaren und geht dann in sein Zimmer, wo er für etwa fünf bis zehn Minuten bleibt.

Mit großer Loyalität ahmt er das Verhalten seiner Eltern nach und gibt ihnen, was sie wollen (so, wie er das versteht). Indem er das tut, entschärft er die Strafe, erspart sich die Demütigung und stellt sicher, dass seine Integrität nicht verletzt wird. Er mobilisiert seine Autonomie, und statt der schmerzhaften Erfahrung des Ausgeschlossenwerdens wählt er die Einsamkeit.

Die Eltern haben Liam bei seinem (Fehl-)Verhalten von Anfang an nicht „gesehen". Sie verstehen nicht, dass er Schwierigkeiten hat, damit zurechtzukommen, dass er nicht mehr das einzige Kind in der Familie ist und dass er die Hälfte von allem, was er früher besaß, verloren hat. Sie schenken lediglich dem Aufmerksamkeit, was sie als Ausbrüche von Eifersucht und Gewalt sehen, und dementsprechend reagieren sie mit Bestrafung. Und obwohl er seine Botschaft wieder und wieder geduldig vorbringt, begreifen sie es einfach nicht! Er hat sich schon ausgeschlossen *gefühlt,* und jetzt *wird* er auch noch ausgeschlossen. Und trotz allem – durch seine kreative Lösung, mit der er seinen Eltern auf halbem Weg entgegenkommt, stellt er sicher, dass er keinen ernsthaften Schaden nimmt.

Hätten Liams Eltern gewusst, dass seine Reaktionen sinnvoll sind und ein Versuch, mit ihnen zu kooperieren, hätten sie sich für eine andere Form von Führung entschieden. Einer von beiden wäre mit ihm zum Einkaufen gefahren, am Strand spazieren gegangen, hätte mit ihm zusammen Pfannkuchen gemacht oder das Auto gewaschen – Hauptsache, er oder sie hätte mit ihm allein sein und ihm sagen können: „Liam, hör zu. Du hast deiner Schwester jetzt so oft an den Haaren gezogen, dass ich endlich begriffen habe, dass du dich nicht wirklich wohl damit fühlst, dass sie jetzt zu unserer Familie gehört. Kannst du mir sagen, was dir da Sorgen macht?" Ob es darauf eine Antwort gegeben hätte oder nicht, allein die Einladung hätte ihn dazu gebracht, damit aufzuhören, seiner Schwester an den Haaren zu ziehen, weil er sich „gesehen", wertgeschätzt und einbezogen gefühlt hätte.

Kinder brauchen nicht so viel Aufmerksamkeit, wie wir denken, aber sie brauchen Erwachsene, die achtsam sind und die ihren Absichten vertrauen. Diese Form von Führung – auf Vertrauen und Empathie basierend – ist nicht ausdrücklich „kinderfreundlich", sondern sie ist familienfreundlich, und zwar in dem Sinne, dass jeder das bekommt, was er oder sie braucht und sich wünscht. Die Eltern bekommen ein gesundes Kind, sie fühlen sich als Eltern kompetent und wertvoll statt hilflos, und Bruder und Schwester bekommen eine gesunde Basis für ihre lebenslange Beziehung. Und all das wegen eines Dreijährigen, der mutig genug war, seine Botschaft so lange zu wiederholen, bis sie entschlüsselt war.

Vertrauen ist das Schlüsselwort. Versuchen Sie, sich einen Moment lang vorzustellen, Sie würden mit zwei Leuten zusammenleben, die Sie lieben und denen Sie vertrauen und von denen Ihr Überleben und

Ihre geistige Gesundheit vollständig abhängen. Und dann stellen Sie sich vor, dass diese Leute niemals Ihren guten Absichten vertrauen und dass sie Ihr Verhalten ständig negativ interpretieren. In einer nahen Beziehung zu leben, die so aussieht, würde die meisten gesunden Erwachsenen wahnsinnig und/oder gewalttätig machen. Kinder sind widerstandsfähiger – sie verlieren nur ihr Selbstwertgefühl und das Gefühl, eine Bereicherung für das Leben ihrer Eltern zu sein.

In dem alten Paradigma war Vertrauen gleichbedeutend mit der Erwartung der Eltern, dass ihre Kinder wie und wann die Eltern es wünschten, funktionierten. Von den Kindern wurde erwartet, dass sie gehorsam waren – waren sie es nicht, wurde ihnen das Vertrauen entzogen. Heute wissen wir es besser – obwohl unser Denken und Handeln dem nicht immer entspricht. Wir bringen unsere Kinder nicht in die Lage, sich unser Vertrauen durch Gehorsam *verdienen* zu müssen. Wir geben ihnen unser bedingungsloses Vertrauen, und die Botschaft dabei lautet: Ich vertraue dir, dass du dein Bestmögliches tust, um zu kooperieren und für die Familie von Wert zu sein, und sollte es mir nicht gelingen, das in deinem Verhalten zu erkennen, werde ich dich um Hilfe und Klärung bitten.

Eines der schwierigsten Phänomene, mit denen Eltern manchmal umgehen müssen, ist, wenn ein Kind lügt. Üblicherweise führt das zu berechtigtem Misstrauen. Ich spreche hier nicht von einem Vorschulkind mit einer lebhaften Phantasie, sondern von richtigen, handfesten Lügen. Wie können solche

Lügen eine Form von Kooperation sein, und wie kann so ein Verhalten überhaupt wertvoll sein für die Familie?

Kinder lügen ihre Eltern an, wenn sie die Erfahrung gemacht haben oder das Gefühl haben, dass ihre Eltern mit der Wahrheit nicht umgehen können. Nicht *damit umgehen können* – das ist hier der zentrale Punkt.

- Wenn ich das meiner Mutter erzähle, wird sie völlig ausrasten, und sie und mein Stiefvater werden sich ewig streiten!

- Davon kann ich meinen Eltern nichts erzählen. Mein Vater wird so wütend werden, dass ich Angst kriege, und dann wird sich meine Mutter monatelang Sorgen um mich machen. Ich hasse es, wenn sie sich Sorgen macht!

- Meine Eltern sind altmodisch – die würden mich überhaupt nicht verstehen.

- Ich habe versucht, meiner Mutter zu erzählen, dass ich in der Schule gemobbt werde, aber sie hat bloß angefangen zu weinen. Ich mag es nicht, wenn sie weint, also erzähle ich jetzt niemandem mehr davon.

- Meine Eltern wollen nicht, dass ich mit Robert spiele, also sage ich ihnen nicht, dass er mein bester Freund ist.

Es ist gut möglich, dass all diese Eltern erwidern würden: „Kann schon sein, dass Sie recht haben, aber das ist kein Grund zu lügen. Es ist falsch, seine Eltern anzulügen – und damit basta!" Das hebt das Lügen aus dem existentiellen Kontext heraus und setzt es in einen moralischen, was wiederum die Voraussetzung für weitere Lügen schafft. Tatsache ist, dass diese Kinder nicht versuchen, ihre eigene Haut zu retten. Sie versuchen, ihre Familien zu schützen, und sie zahlen dafür mit Einsamkeit. Vertrauen Sie ihnen also – auch wenn sie lügen!

Ihre Werte

Nachdem ich in Kapitel 1 die vier Eckpfeiler elterlicher Führung beschrieben habe, ist es jetzt soweit, den Dachstuhl zu errichten. Das Baumaterial dafür sind Ihre Werte.

Werte zu haben und sich ihrer bewusst zu sein, ist wichtig für die Qualität Ihrer Führung, zudem ist es eine gute Vorbeugung gegen Hunderte von bedeutungslosen Konflikten im alltäglichen Zusammenleben mit Ihren Kindern.

Unsere Werte stammen aus vielen verschiedenen Quellen. Hier sind ein paar davon:

- Philosophie
- Religion
- Politik
- Psychologie
- Ursprungsfamilie
- Großmutter
- Lieblingslehrer oder Mentor
- Spirituelle Einsichten und Erfahrungen

Ich habe in einem meiner Bücher[1] versucht, vier grundlegende Werte für das Familienleben zu beschreiben. Diese Werte sind die Summe meiner Erkenntnisse und Erfahrungen aus der langjährigen

---

1 *Was Familien trägt: Werte in Erziehung und Partnerschaft. Ein Orientierungsbuch.* Weinheim, Basel, 2008

Arbeit mit Familien. Ich hatte sie nicht im Kopf, als ich meine therapeutische Arbeit begonnen habe, sondern sie haben sich einfach aus der Art und Weise, wie all diese Familien um die Lösung ihrer Konflikte und Meinungsverschiedenheiten gerungen haben, herauskristallisiert. Sie sind nicht präventiv in dem Sinne, dass sie Konflikte und Probleme innerhalb von Familien vorbeugen würden – sie sind einfach Prinzipien und Leitlinien, die Ihnen helfen werden, harte Zeiten zu überstehen und daraus mit mehr Lebensweisheit und mehr Nähe in Ihrer Familie hervorzugehen. Diese Werte sind:

- Integrität
- Persönliche Verantwortung
- Authentizität
- Gleichwürdigkeit

Falls Sie sich dafür entscheiden, in meinem Buch ausführlicher über diese vier Werte zu lesen, sollten Sie wissen, dass es nicht wichtig ist, ob Sie mit ihnen übereinstimmen oder nicht. Entscheidend ist, dass Sie anfangen werden, über Ihre eigenen und über die Werte ihres Partners nachzudenken. Wenn Sie ein Bewusstsein für die eigenen Werte entwickeln, werden Sie eine Menge Zeit und Energie sparen. Sie werden zu einer glaubwürdigeren Person werden, und das wiederum wird Ihre persönliche Autorität stärken und es für Ihre Kindern einfacher und weniger verwirrend machen, zu Ihnen in Beziehung zu treten.

Eigentlich ist es fast so, als wäre man Fußball- oder Basketballtrainer. Jede Trainerin und jeder Trainer hat ihre beziehungsweise seine eigene Spielphilosophie, und die Spieler wissen, was sie zu erwarten haben und was das Ziel ist. Wenn der Trainer seine Philosophie alle vier Wochen ändert, werden die Spieler verwirrt und das Team wird eine schwache Leistung zeigen.

Heute stecken die Kinder in vielen Familien in Chaos und Verwirrung dieser Art, weil die Eltern ihre Werte völlig unberechenbar und ohne offensichtlichen Grund ändern. Wenn sie morgens aufstehen, sind sie fest entschlossen, gute moderne Mamas und Papas zu sein. Aber wenn ihr Zweijähriger sich plötzlich weigert, mit dem Rest der Familie das Haus zu verlassen, fühlen sie sich hilflos, und dann greifen sie auf die guten alten Werte von Zucht und Ordnung zurück und verhauen ihm den Hintern oder dergleichen. Stellen Sie sich vor, Ihr Partner würde seine Werte ständig völlig willkürlich ändern – dann wissen Sie, wie schwer so etwas für Kinder ist.

Versuchen Sie also, in sich selbst und in Ihren Entscheidungen Ihre Werte zu finden. Versuchen Sie, herauszufinden, woher Sie diese haben, und entscheiden Sie dann, ob Sie sie behalten wollen. Erst wenn Sie wissen, was das für Werte sind und warum Sie sie haben, werden Sie in der Lage sein, sie durch Werte zu ersetzen, die Ihren Erwartungen und Zielen möglicherweise besser entsprechen.

Bevor es mit dem nächsten Abschnitt weitergeht, möchte ich noch eine Warnung aussprechen: Egal wie wichtig Ihnen Ihre Werte sind, lassen Sie sie nie wichtiger werden als die Menschen, die Sie lieben. Wenn das passiert, haben wir es nicht mehr mit Werten zu tun, sondern mit Ideologie und Fundamentalismus.

Herausforderungen elterlicher Führung

Mutter oder Vater zu werden und gemeinsam mit dem Partner Führung auszuüben, um gesunde, glückliche und erfolgreiche Kinder aufzuziehen, ist an sich schon eine enorme tägliche Herausforderung. Zum Teil hat diese Herausforderung in erster Linie mit Management zu tun, was zwar interessant und anspruchsvoll ist, aber nicht wirklich der Fokus dieses Essays. Für welche Art von Management man sich entscheidet, hängt sehr von der Anzahl der Familienmitglieder, der Arbeitsbelastung der Eltern, dem Alter und der Mobilität der Kinder und Ähnlichem ab. Führung ist dagegen der entscheidende Faktor, wenn es darum geht, sinnvolle und erfolgreiche Beziehungen aufzubauen und weiterzuentwickeln.

Führung zu übernehmen stellt uns vor eine ganz andere und oftmals viel größere Herausforderung, weil es uns persönlich herausfordert und weil es häufig Veränderungen auf einer vergleichsweise tiefen Ebene unseres Seins erfordert. Dabei geht es nicht um eine Veränderung des Lebensstils, des Freundeskreises oder ähnlicher Dinge. Es geht um unser menschliches Potential und um die Frage, wer wir sind.

Rein juristisch gesehen sind die meisten von uns, wenn sie Eltern werden, erwachsen. Doch viele von uns sind weit davon entfernt, ausgereifte Persönlichkeiten zu sein – selbst diejenigen, die erst um die Dreißig oder Vierzig Eltern werden. Vater oder

Mutter zu werden, ist eine der besten Möglichkeiten, als Mensch zu reifen, denn die Liebe unserer Kinder macht uns auf eine Art und Weise verletzlich, wie das in keiner anderen Beziehung geschieht. Die Frage ist also nicht, ob wir erst wirklich zu reifen Menschen werden sollten, bevor wir Eltern werden (dem Kind zuliebe). Die Frage ist, wie weit wir dazu bereit sind, zuzulassen, dass unsere Kinder uns unter die Haut gehen und dass sie Gefühle und vergangene Erfahrungen berühren, die wir so gut wir konnten unterdrückt haben beziehungsweise von denen wir noch nicht einmal etwas wissen.

Beispiel

Der Vater eines vierjährigen Jungen bat um eine Familienberatung, weil er bestürzt und beschämt darüber war, wie er sich in der Beziehung zu seinem Sohn verhielt. Die Scham rührte daher, dass er selbst Psychologe war und sehr erfolgreich mit Kindern in Krankenhäusern arbeitete.

Er erzählte mir, dass er jedes Mal, wenn sein Sohn weinte, gereizt und ärgerlich wurde. Es war egal, ob der Junge unzufrieden, traurig oder frustriert war oder sich beim Spielen wehgetan hatte. Der Mann fragte: „Warum bin ich unfähig, mein Kind wie alle vernünftigen Eltern zu trösten?" Wir unterhielten uns ein bisschen darüber, wie er aufgewachsen war, und suchten nach möglichen Traumata oder Verlusten. Plötzlich brach er in Tränen aus und offenbarte mir, dass, als er selbst zehn Jahre alt war, herauskam, dass sein Vater ein Kinderschänder war und dass dieser bald darauf

Selbstmord beging.Die schrecklichen Dinge, die der Vater dieses Mannes getan hatte, machten es seinem Sohn (und seiner Frau) unmöglich, auf normale und gesunde Weise über seinen Tod zu trauern. Tatsächlich hatte der Mann den Tod des Vaters und dessen Umstände so weit von sich weggeschoben, dass er das ganze Thema „vergessen" hatte, und nicht einmal seine Frau wusste nach zehnjähriger Ehe etwas davon.

Dieser Mann hatte ganz einfach mit seiner Mutter und mit der öffentlichen Meinung in der Kleinstadt, in der sie lebten, kooperiert. Dabei hatte er sich das Recht, über den Tod seines Vaters zu weinen, verweigert. Das Weinen seines eigenen Sohnes wurde zu einem Auslöser, der die angestauten verbotenen Tränen zum Fließen brachte und der half, nach fast dreißig Jahren eine Heilung herbeizubringen.

Die alltäglichen Reaktionen dieses Vaters hatten einen sehr dramatischen Hintergrund, und viele Geschichten sind weniger dramatisch. Trotzdem ist das ein gutes Beispiel dafür, wie die Beziehung zu unseren Kindern oft das zum Leben erweckt, was die Leute in meinem Beruf manchmal das „innere Kind" nennen. Wir alle nehmen mindestens eines dieser inneren Kinder mit uns ins Erwachsenenalter.

Dafür gibt es einen einfachen Grund: Keiner von uns ist in der perfekten Familie in der perfekten Gesellschaft aufgewachsen – das heißt, wir mussten unser Verhalten an die gegebenen Umstände anpassen.

- Meine Mutter war eine sehr zarte Frau mit einem schwachen Herzen, also habe ich gelernt, mich in meiner Lebensfreude und bei meinen Spielen mit anderen Kindern zu bremsen.

- Mein Vater hat kaum gesprochen, also habe ich nie gelernt, wie man sich als Mann ausdrücken kann.

- Meine große Schwester ist behindert auf die Welt gekommen, also habe ich gelernt, mich im Hintergrund zu halten.

- Meine Mutter und mein Vater haben sich permanent gestritten, also habe ich gelernt, mich aus Konflikten rauszuhalten.

- Mein Vater war ein gewalttätiger Mann mit einem Alkoholproblem, also habe ich Angst vor meinem eigenen Temperament und davor, was passieren könnte, wenn ich einfach loslasse. Im Grunde nehme ich nicht wirklich am Leben teil – ich analysiere es.

- Meine Mutter und meine Großmutter haben mich immer verwöhnt, und jetzt ärgert sich meine Frau, weil ich nicht in der Lage bin, für mich selbst zu sorgen.

- Mein Vater hat sich nie mit uns unterhalten oder mit uns gespielt – alles was er getan hat, war zu arbeiten und zu schlafen –, deshalb kann ich mich nicht entspannen und einfach mit meiner Tochter spielen.

- Meine Eltern hatten in ihrer Ehe so viele Probleme, dass ich nur Harmonie akzeptieren kann.

- Meine Mutter wollte immer, dass alles perfekt ist, deshalb musste ich das perfekte Kind sein. Ich habe keine Ahnung, wer ich wirklich bin – ich weiß nur, dass ich nie gut genug bin.

- Mein Vater hat sich immer einen Sohn gewünscht, deshalb wurde ich zu einem sehr jungenhaften Mädchen. Heute kann ich zu meiner eigenen Tochter, die gern Prinzessin sein möchte, nicht in Beziehung treten.

Alle Kinder kooperieren und passen sich der Persönlichkeit und dem Verhalten der Eltern an, und wir alle haben geniale Überlebensstrategien entwickelt, um uns einzufügen und uns wertvoll zu fühlen. Wenn wir unsere eigene Familie gründen, werden wir damit konfrontiert, dass die Überlebensstrategie, die in unserer Ursprungsfamilie gut funktioniert hat, in unserer neuen Familie nicht mehr so gut funktioniert. Darüber hinaus stehen wir vor der Herausforderung, eine Lebensstrategie zu finden, die uns die Lebensqualität ermöglicht, die wir uns wünschen und die wir verdient haben.

All das wird allein durch die Existenz und das Verhalten unserer Kinder aktiviert. Diese wiederum haben keine Ahnung, was sie da für Knöpfe bei uns drücken, und sie tun das auch nicht mit einer bestimmten Absicht. Sie versuchen lediglich, sich anzupassen und wertvoll zu sein – so wie wir es damals getan haben.

Es steht uns frei, diese Herausforderung anzunehmen oder nicht anzunehmen – was bei manch anderer Herausforderung nicht der Fall ist. Wir werden immer einen Preis zahlen müssen, egal wofür wir uns entscheiden, aber nur, wenn wir die Herausforderung annehmen, ist auch eine Belohnung in Sicht. Das ist der perfekte Tausch zwischen Eltern und Kindern. Wir schenken ihnen das Leben, und im Gegenzug geben sie uns den Ansporn, unser eigenes Leben zurückzuerobern.

Jedes Mal, wenn Sie mit Ihrem Kind einen Konflikt haben oder wenn Sie sich verzweifelt und hilflos fühlen, ist das eine Gelegenheit, das für Ihr inneres Kind zu tun, was Ihre Eltern nicht tun konnten. Das ist so logisch, dass es fast schon poetisch ist!

Wenn über Elternschaft gesprochen wird, klingt das oft, als wäre diese eine Art Leistung, deren Qualität davon abhängt, wie viel man seinem Kind zu geben schafft. Das ist ein Irrglaube. Die wirkliche und entscheidende Qualität von Elternschaft wird davon bestimmt, inwieweit Sie in der Lage und gewillt sind, die Herausforderungen, vor die Ihre Kinder Sie stellen, anzunehmen und sie in mehr und besseres Leben umzuwandeln. Das Gleiche gilt für die Beziehung zu Ihrem Partner. Wenn Sie diese beiden Herausforderungen annehmen, werden Ihre Kinder bessere Eltern haben, als die meisten von uns je hatten, und sie werden so aufwachsen, dass sie sich um einiges wohler mit sich selbst fühlen. Das ist der große Reichtum gegenseitigen Lernens – und das ist das Geheimnis, wie man Selbstwertgefühl aufbaut.

Niemand schafft das jeden Tag und immer, ohne so egozentrisch und introvertiert zu werden, dass der Rest der Familie ausgeschlossen wird – doch wenn man es hin und wieder schafft, reicht das vollkommen aus.

Weibliche und männliche Führung

Die Grundlagen guter Führung durch Erwachsene sind nicht geschlechtsspezifisch, doch sie werden von Frauen und Männer in jeweils unterschiedlichen Harmonien und Rhythmen umgesetzt. Diese Unterschiede stellen eine große Bereicherung für unsere Kinder dar. Einem alten psychologischen Mythos zufolge sind die Mütter das Wichtigste in den ersten drei Lebensjahren des Kindes, doch aktuelle Studien sowie neue Familienstrukturen haben bewiesen, dass es anders ist. Wenn Babys Mutter und Vater gleichermaßen zur Verfügung haben, bevorzugen sie ... beide!

Meiner Erfahrung nach ist das Wichtigste, dass Kinder beide Geschmacksrichtungen erleben und integrieren können – vor allem in den ersten vier Jahren, wenn der entscheidende Bindungsprozess zwischen Eltern und Kind stattfindet. Danach finden Kinder ihren ganz persönlichen und natürlichen Rhythmus, wenn sie zu Mutter oder Vater jeweils mehr oder weniger Nähe haben. Natürlich setzt das voraus, dass beide Eltern verfügbar und willens sind.

Unsere therapeutische Erfahrung zeigt seit einigen Jahrzehnten, dass Kinder, die Zugang zu beiden Eltern haben, besser zurechtkommen und sich harmonischer entwickeln. Diese Erfahrung wurde in den letzten Jahren durch mehrere Studien bestätigt. Bedeutet das, dass alleinerziehende oder homosexuelle Eltern „schlechte" Eltern sind? Nein, ganz und gar nicht. Sie sind genauso gute und schlechte Eltern wie alle anderen auch. Es bedeutet einfach, dass es sowohl konkrete als auch allgemeine Erfahrungen gibt, die die Kinder dieser Eltern statt in der Kindheit an einem späteren Punkt ihres Lebens sammeln müssen. Die Quintessenz ist, dass Kinder die Eltern haben, die sie haben, und dass sie Wege finden müssen, das zu überleben und damit zu leben. Das Gleiche galt für ihre Eltern und Großeltern.

Es ist egal, wie viel Energie ein Paar darauf verwendet, sich über Prinzipien, Theorien und Werte zu verständigen – die Praxis wird immer anders aussehen. Das ist übrigens ein großer Vorteil für die Kinder, denn deren soziale Kompetenzen werden sich verdoppeln. Das Geheimnis der von Mutter und Vater gemeinsam ausgeübten Führung besteht darin, genug Raum dafür zu schaffen, dass ihre Verschiedenheit Wirkung zeigen kann.

Vor fünfzig Jahren fand das Aufziehen von Kindern irgendwie nebenbei statt – wenn genug Zeit und Energie da war oder wenn es Interessenkonflikte gab. Die Väter waren normalerweise abwesend, geistesabwesend oder beides, und die Mütter, deren Job es war, sich um das Zuhause, das Kochen und die Wäsche zu kümmern, verbrachten nicht mehr viel Zeit in direktem Kontakt mit den Kindern, sobald diese laufen konnten. Die Kinder waren irgendwo in der Nähe und machten ihr eigenes Ding, und die Mutter war da, wenn irgendetwas schiefging.

Seit dieser Zeit hat sich die Welt dramatisch verändert, und das Aufziehen von Kindern hat sich fast schon zu einer Art Wettkampf entwickelt, bei dem Eltern um den Titel Mama beziehungsweise Papa des Jahres kämpfen. Es gibt ein paar gute Dinge, die Kinder bei dieser ansonsten vollkommen sinnlosen Jagd nach Prestige mitnehmen können. Eine aktuelle Studie zeigt, dass in Dänemark beide Elternteile im Durchschnitt mehr Zeit mit ihren Kindern verbringen als je zuvor (und das in einem Land, in dem beide Elternteile außerhalb arbeiten). Das entspricht den deutlichen Antworten vieler Kinder und Jugendlicher auf die Frage, was sie sich von ihren Eltern wünschen: Zeit. Einfach mehr Zeit.

Der Nachteil des Wandels, der sich hier vollzogen hat, ist, dass die Denkweise von Eltern und auch von ihren Beratern die Interessen von Kindern und Eltern voneinander trennt, und das ist sehr bedauerlich. Das Wohlbefinden von Kindern, ihre Entwicklung und ihre Lebensqualität hängen davon ab, was in der ganzen Familie los ist und wie es allen geht – als Einzelpersonen und als Gemeinschaft. In der oben genannten Denkweise werden Kinder zu einer Aufgabe, einer Pflicht oder sogar zu einer „Investition". So werden sie wieder zu Objekten gemacht – nur wenige Jahre, nachdem die neue Entwicklungspsychologie bewiesen hat, dass eine Subjekt-Subjekt-Beziehung, bei der beide als eigenständige Persönlichkeiten gesehen und behandelt werden, besser für alle Beteiligten ist. Das ist das Beste, was Sie für Ihr Kind tun können: Lassen Sie es jedes Mal, wenn Sie zusammenkommen, die Freude in Ihrem Blick sehen. Wenn Ihr Kind in Ihren Augen nur schrecklich ernste Verpflichtung, Erschöpfung und Unsicherheit oder gar Schuldgefühle sieht, werden Sie sich beide auf harte Zeiten gefasst machen müssen.

Kürzlich wurde ein junger Familienberater zitiert, der meinte: „Kleine Kinder zerstören das Liebesleben der Eltern." Hier zeigt sich der von mir beschriebene Mangel an ganzheitlichem Denken. Die Behauptung ist Unsinn. Ein Kind zu haben, prägt Ihr Leben auf allen Ebenen und auf viele verschiedene Arten und Weisen, aber das ist nichts, was das Kind mit seinen Eltern macht. Das ist eine ganz normale Folge Ihrer Entscheidung, Eltern zu werden. Kleine Kinder zu haben, wird Ihr Liebesleben und seine Häufigkeit verändern – genau wie das zwanzigjährige Ehe, ein von Arbeitssucht geprägter Lebensstil, Rauchen, Trinken und viele andere Dinge, für die wir uns entscheiden, tun. Es stimmt, dass viele junge Stadtbewohner die Illusion haben, dass ein Kind zu haben ihren Lebensstil nicht verändern wird – was es definitiv tun wird –, aber das war in erster Linie ihre Illusion und nicht das Hauptziel ihres ungeborenen Kindes.

Diese und viele andere Dinge wurden vor allem durch zwei Faktoren möglich gemacht. Der eine ist der unglaubliche Reichtum, über den wir plötzlich verfügten (wobei wir oft nicht wussten, was wir damit anfangen sollten), und der andere ist, dass die Frauen in den meisten westlichen Kulturen wann und wie sie wollen, mit oder ohne aktive Beteiligung eines Mannes Kinder bekommen können. Kinder zu haben wurde zu einer kalkulierten Entscheidung (wobei es noch immer „Unfälle" gibt), so dass eine gewisse Konsumentenhaltung ihren Eingang in unser Denken und unser Verhalten in Bezug auf Kinder gefunden hat. Als Folge wurden Kinder zu „Gütern" und sogar zu Statussymbolen. Sie waren schon immer Symbole für Liebe, Potenz und Fruchtbarkeit, aber heute spielen sie auf der gesellschaftlichen Ebene und in Hinblick auf das Image beziehungsweise das Selbstbild ihrer Eltern eine viel größere Rolle als früher.

Ich bin nicht nostalgisch, und ich würde Eltern nie dafür kritisieren, dass sie ein Produkt ihrer Zeit sind. Doch es gibt bei dieser Entwicklung ein paar Fallgruben, die Sie vielleicht berücksichtigen sollten, bevor Ihre Führung durch die neuesten oder durch noch kommende Trends vom Weg abgebracht wird. Mit anderen Worten – ich rate Ihnen, sich auf den Ball zu konzentrieren und nicht auf die Zuschauer.

Fallgruben

Im Folgenden werde ich ein paar gängige Erziehungsstile skizzieren, die aufgrund ihrer langfristigen Auswirkungen auf Eltern, Kinder und die ganze Familie erfahrungsgemäß nicht wirklich empfehlenswert sind. Ich werde auf keine der vielen „Methoden", die in den letzten zwanzig Jahren erfunden wurden, eingehen. Dafür gibt es zwei Gründe: Zum einen bin ich der festen Überzeugung, dass wir zu den Menschen, die wir lieben, nicht über irgendeine Methode in Beziehung treten sollten. Zum anderen stellen Methoden eine Entmenschlichung persönlicher Beziehungen dar, die oft tiefgehende negative Folgen für die Beziehungsqualität zwischen Eltern und Kindern hat. Selbst so sympathische Methoden wie das Attachment Parenting (auch bindungsorientierte Elternschaft genannt) haben die Tendenz, dass sie mehr Nachteile als Vorteile mit sich bringen, wenn man sie adaptiert. Sie konzentrieren sich auf ein paar wichtige Phänomene und lassen die Persönlichkeit von Eltern und Kindern fast vollkommen außer Acht. Über die Anwendung von Methoden lassen sich zwei wichtige Dinge sagen: Erstens, wie es eine alte Redensart aus der Welt der Psychotherapie auf den Punkt bringt: „Wenn du einen Hammer hast, fangen alle Probleme an, wie Nägel auszusehen." Zweitens hängt das Ergebnis jeder Methode – therapeutisch, pädagogisch oder in Bezug auf Elternschaft – etwa zu zwanzig Prozent von der Methode ab und zu achtzig Prozent von dem Menschen, der sie anwendet.

Deshalb ist es wesentlich klüger, so viel wie möglich über sich selbst und über das eigene Kind herauszufinden und seinen inneren Vater und seine innere Mutter zu entdecken, als irgendeinem fremden Drehbuch zu folgen.[1] Und keine Sorge – Ihrem Kind ist es egal, wenn Sie dafür fünfzehn Jahre brauchen, solange es nur spürt, dass Sie sich ernsthaft um Authentizität bemühen.

Es gibt viele Gründe dafür, dass Authentizität in nahen persönlichen Beziehungen zu einem Schlüsselbegriff wird. Es sind zu viele, um sie alle in diesem Zusammenhang zu erläutern, entscheidend ist, dass diese Entwicklung eine vollkommen neue Denkweise einleitet – man könnte sagen, einen vollkommen neuen Wert, obwohl der Authentizität in Kunst, Musik, Theater, Film und Ähnlichem schon seit Jahrhunderten ein hoher Wert beigemessen wird. Authentisch zu sein bedeutet ganz einfach, in der Lage zu sein, anderen durch die Art und Weise, wie man spricht und sich verhält, mitzuteilen, wer man ist – im Gegensatz zu dem Agieren in einer Rolle, die andere Menschen von Ihnen erwarten oder vielleicht sogar fordern. So etwas nennt man eine existentielle Entscheidung, und es steht jedem von uns frei, diese Entscheidung zu treffen oder sie zu vermeiden – solange wir uns nicht mitten in einer Existenzkrise befinden. Und selbst dann können wir chemische Problemlösungen

1 Daniel J. Siegel und Mary Hartzell: *Gemeinsam leben, gemeinsam wachsen: Wie wir uns selbst besser verstehen und unsere Kinder einfühlsam ins Leben begleiten können.* Freiamt im Schwarzwald, 2009. (Das ist vielleicht das beste Buch, das je für Eltern geschrieben wurde.)

wählen und hoffen, dass alles wieder so wird, wie es war.

Mit diesem Wissen vor Augen war es interessant, zu beobachten, wie sich Elternschaft in den letzten zwanzig Jahren entwickelt hat. Vor allem die gebildeten Eltern aus der Mittelschicht und der oberen Mittelschicht haben wieder damit begonnen, Rollen zu spielen. Theoretisch hätten sie sich dafür entscheiden können, ihre Unsicherheit zu überwinden, indem sie in sich gehen und dort festen Halt finden, doch der Großteil hat Zuflucht dazu genommen, die Rolle von Mutter oder Vater zu *spielen*. Diese Tendenz hat zu einem Defizit in Bezug auf die Bedürfnisse der Kinder geführt. Kinder haben heute viel mehr Freiheit, sich das zu holen, was sie wirklich brauchen, als noch eine Generation zuvor, und sie haben keine Angst mehr, das zu tun. Je mehr die Erwachsenen also versuchen, ihre Rollen zu perfektionieren, desto verzweifelter werden ihre Kinder und umso mehr versuchen sie, herauszufinden, wer ihre Mamas und Papas wirklich sind – hinter der Bühne! Die Erwachsenen nennen das noch immer „Grenzen austesten", und diese Beschreibung ist heute genauso irreführend wie schon vor fünfzig Jahren. Der Unterschied besteht darin, dass Eltern damals ganz offen nach Macht gegriffen haben und dass sie kein Problem damit hatten, dabei streng und grausam zu sein. Heutige Eltern sind ganz erstaunt, denn sie versuchen doch die ganze Zeit, so nett und vernünftig zu sein, und sie können gar nicht verstehen, dass ihre Kinder irgendwann genug von der Schauspielerei haben und dem, was die Eltern sagen, keine Beachtung mehr schenken. In Wirklichkeit tun sie das natürlich doch. Trotz der schönen und liebevollen Absichten, die hinter der Schauspielerei stecken, kann sie die Wärme und die Nähe, nach der es Kindern verlangt, damit sie gedeihen können, einfach nicht bieten. Ist es, als gebe man seinen Kindern die Speisekarte anstelle des Essens.

Diese Art von – beidseitiger – Frustration ist für Eltern ein ausgezeichneter Anreiz, authentischer und lebendiger und damit zu einer erfreulicheren Gesellschaft zu werden.

Der neuromantische Stil

Eltern, die den neuromantischen Stil pflegen, tun das aus einer Menge guter und berechtigter Gründe heraus:

-    Sie wollen, dass ihre Kinder sich wertgeschätzt und geliebt fühlen.

-    Sie wollen ihren Kindern so viel Aufmerksamkeit wie möglich schenken.

-    Sie glauben an Harmonie als den ultimativen Ausdruck von Liebe und neigen deshalb dazu, Konflikte zu vermeiden und abzulehnen.

-    Sie möchten diese Welt zu einem besseren Ort machen.

Mögliche Probleme:

- Ihr Verhalten ist oft sehr lieb und dabei auf der Gefühlsebene flach. Das frustriert ihre Kinder, weil sie nicht lernen, wie sie mit ihren Gefühlen umgehen sollen. Am Ende frustriert es auch die Eltern, weil sie ebenfalls mit Gefühlen dastehen, mit denen sie nicht umgehen können.

- Gefühle werden tendenziell in positive und in negative unterteilt, was auf Seiten der Eltern zu einer Menge Selbstkritik führt. Bei den Kindern führt es zu Verwirrung darüber, wer ihre Eltern hinter der gut gemeinten Schauspielerei wirklich sind.

- Wenn nur eine begrenzte Auswahl von Gefühlen erlaubt ist, wird es für alle Beteiligten schwierig, gesundes Selbstwertgefühl zu entwickeln, und für die Kinder, Empathie zu lernen.

- Kinder, die in ihrer Familie ständig im Mittelpunkt der Aufmerksamkeit stehen, werden oft einsam. Gleichzeitig werden sie frustriert, weil sie nicht wissen, ob sie der eigenen Einsamkeit oder der Liebe in den Gesichtern und in den Stimmen ihrer Eltern Glauben schenken sollen.

Viele dieser Eltern werden dazu inspiriert oder gezwungen, einen differenzierteren Erziehungsstil zu entwickeln, weil ihre Kinder irgendwann im Alter zwischen drei und sieben Jahren beginnen, sich „schlecht zu benehmen" oder auf andere Arten zu zeigen, dass sie sich nicht wohl fühlen. Einzelkinder und

Erstgeborene kommen meist etwas später an diesen Punkt als Zweitgeborene.

Curling-Eltern

Diese scherzhafte Bezeichnung wurde durch die Sportart Curling inspiriert, die dem Boule-Spiel ähnelt, jedoch auf dem Eis und mit großen, schweren Steinen anstelle von Eisenkugeln gespielt wird.
Damit der Stein die gewünschte Schnelligkeit und Richtung bekommt, rennen zwei Spieler mit ihm mit und wischen alle Hindernisse weg, die ihn auf seinem Weg zum Ziel verlangsamen oder von der Richtung abbringen könnten. In dieser Metapher ist das Kind der Stein, und die Eltern wischen vor ihm den Weg frei.

Man kann Curling-Eltern in etwa drei Gruppen unterteilen, und jede dieser Gruppen wird von anderen Überzeugungen oder Erfahrungen angetrieben. Die eine Gruppe glaubt aufrichtig daran, dass es wünschenswert und möglich ist, aus der eigenen Familie eine Wolke von Harmonie und positiver Energie zu machen – ohne irgendwelche Verbindung zur Welt – und so den Kindern den bestmöglichen Start ins Leben zu bereiten. Familie als Fortsetzung des Mutterleibes könnte man das nennen. Die Eltern der zweiten Gruppe sind dadurch motiviert, dass sie in Familien aufgewachsen sind, in denen häusliche Gewalt, dauerndes Rumbrüllen und ungelöste Konflikte an der Tagesordnung waren, und sie wollen einfach nicht, dass die eigene Familie auch nur ansatzweise so wird. Sie wollen, dass ihre Kinder sich geliebt und geborgen fühlen, statt Angst, Schmerz und Einsamkeit zu erleben. Die dritte Gruppe ähnelt der zweiten insofern, dass die Eltern meist aus Familien kommen, in denen eine Menge versteckte und unausgesprochene Konflikte für eine bedrückende und freudlose Atmosphäre gesorgt haben.

All diese Eltern haben gemeinsam, dass sie in Familien aufgewachsen sind, in denen sie nicht lernen konnten, mit zwischenmenschlichen Konflikten auf sinnvolle und konstruktive Art und Weise umzugehen. Folglich haben sie sich dafür entschieden, Konflikten aus dem Weg zu gehen und selbst keine zu verursachen.

- Sie geben sich große Mühe, Konflikte, Traurigkeit, Schmerz, Frustration und Aggression zu vermeiden.

- Sie glauben, dass Konflikte mit dem Kind zu haben, gleichbedeutend damit ist, schlechte beziehungsweise unzulängliche Eltern zu sein.

- Sie stellen ihr Kind in den Mittelpunkt ihrer Aufmerksamkeit. Sie glauben, dass sie tun müssen, wonach das Kind sich „fühlt", und dass sie ihm geben müssen, was es will. Alles andere ist für sie Vernachlässigung.

- Um all das tun zu können, müssen sie sich voll und ganz dem Dienst an ihre Kinder verschreiben und ihre eigenen persönlichen Bedürfnisse, Wünsche und Grenzen verdrängen.

Mögliche Probleme:

- Dadurch, dass sie permanent ihren Kindern dienen und die eigenen Bedürfnisse vernachlässigen, werden sie als Menschen unsichtbar. Auf diese Weise berauben sie nicht nur sich selbst des Lebens, sondern sie sprechen auch ihren Kindern deren existentielles Bedürfnis ab, etwas über andere Menschen zu lernen – über ihre Reaktionen, Bedürfnisse, Werte und Grenzen.

- Wenn ihre Tochter etwa zwei bis zweieinhalb Jahre alt ist, wird sie sich benehmen wie eine Prinzessin – schließlich wurde sie auch schon immer wie eine Prinzessin behandelt. Ihr Bedürfnis nach Aufmerksamkeit wird monströse Ausmaße annehmen, und sie wird anderen Kindern und Erwachsenen ohne Empathie begegnen. In dem Versuch, die echte Nähe zu bekommen, die sie gebraucht hat und die ihr verwehrt wurde, wird sie zur Tyrannin werden, die pausenlos darum kämpft, das zu bekommen, was sie will.

- Irgendwann wird den Eltern die Energie ausgehen, und sie werden ernsthaft leiden, weil sie mit der Tatsache konfrontiert sind, dass ihre drastischen Bemühungen, ihrem Kind die „perfekte" Kindheit zu geben, gescheitert sind.

Das Verhalten dieser Kinder – sowohl innerhalb als auch außerhalb der Familie – wird so unerträglich und provozierend, dass jeder aus dem Umfeld der Familie dazu tendiert, „Grenzensetzen" als Mittel der Wahl vorzuschlagen. Das ist verständlich, aber zu einfach, und es fügt der Verletzung des Kindes noch die Beleidigung hinzu. Was die Eltern tun müssen, ist ihre Elternrolle neu zu überdenken und mit dem Träumen aufzuhören! Wer sein Kind so aufgezogen hat, bekommt irgendwann einen der lautesten und heftigsten Weckrufe, die es für Eltern gibt, zu hören, und das ist die ultimative Motivation, herauszufinden, wer man wirklich ist unter der Maske, unter der man sich versteckt hat.

Der Weg des geringsten Widerstands

Die Eltern, die bei diesem Erziehungsstil landen, kommen aus allen sozialen Gruppen der Gesellschaft. Diese Eltern nehmen sich kaum Zeit, darüber nachzudenken, wie sie ihre Kinder aufziehen wollen, beziehungsweise es gehört einfach nicht zu ihrem Wesen, in Ruhe über etwas nachzudenken. In Bezug auf ihr eigenes Leben können sie sich erfolgreich oder unglücklich fühlen, und sie neigen dazu, die eigenen Eltern nachzuahmen und die gleichen Ziele wie diese zu haben.

- Meist fügen sie sich den mehr oder weniger willkürlichen Wünschen und Gelüsten ihres Kindes. Sie werden zwar „versuchen, nein zu sagen", dann wiederum finden sie, dass sie auf den Konflikt auch gut verzichten können.

- Sie sind inkonsequent in dem Sinne, dass sie ihr Verhalten nicht von konkreten Werten leiten lassen.

- Sie sind voll und ganz mit ihrem eigenen Leben beschäftigt, ob das nun aus Yachten und Pferden besteht oder aus Armut, häuslicher Gewalt und Depressionen.

Mögliche Probleme:

- Die Kinder fühlen sich zerrissen: Auf der einen Seite „bekommen sie alles, was sie wollen", auf der anderen Seite bekommen sie nur ein Minimum von dem, was sie brauchen. Sie haben oft ein schlecht ausgeprägtes Selbstwertgefühl und ein ziemlich aufgeblasenes Ego.

- Die Kinder haben Probleme mit persönlicher Verantwortung, und sie werden entweder spät oder viel zu früh erwachsen.

- Als Teenager entwickeln sie oft selbstzerstörerisches Verhalten.

Helikopter-Mütter

Helikopter-Mütter (oder auch „Chopper-Mums") wurde in Amerika der Spitzname für Mütter, die ihre Kinder permanent und gnadenlos überwachen und die auch deren Umgebung einschließlich der Beziehungen zu anderen Menschen andauernd kontrollieren. Inzwischen ist dieser Stil auch in Europa angekommen, und man findet tatsächlich öffentliche Spielplätze, auf denen kein Kind mit einem anderen spielt – stattdessen spielen alle ausschließlich mit ihren Müttern oder ihren Kindermädchen.

- Diese Mütter (und die Väter, die bei diesem Stil mitmachen) haben die besten Absichten, ihr Kind vor allem zu beschützen, was es verletzen oder traurig und unglücklich machen könnte.

- Sie sorgen gewissenhaft dafür, dass ihre Kinder keine zufälligen Freundschaften mit anderen Kindern schließen. Sie bevorzugen organisierte Spieltreffs mit „passenden" Kindern, deren Eltern den eigenen sozialen und moralischen Maßstäben genügen.

- Sie sind meist besessen von dem Gedanken an mögliche Gefahren, und sie werden alles tun, damit ihre Kinder diesen nie ausgesetzt sind.

Mögliche Probleme:

- Die Kinder müssen die Ängste und das Kontrollbedürfnis ihrer Mütter bedienen. So haben sie keine Möglichkeit, sich die Lebenskompetenz und die soziale Kompetenz anzueignen, die sie benötigen. Die Kinder entwickeln, was man „erlernte Hilflosigkeit" nennt, und sie haben Schwierigkeiten, erwachsen und unabhängig zu werden.

- Die Kinder, die rebellieren, werden zum Kinderarzt der Familie gebracht. Dort bekommen sie meist eine Diagnose verpasst, die den Erziehungsstil der Mutter nicht in Frage stellt, und man bringt sie mithilfe von Medikamenten dazu, zu gehorchen.

- In diesen Familien verbirgt sich Vernachlässigung unter den Deckmänteln „Fürsorge", „Liebe" und „elterliche Verantwortung", und diese klassische „Doppelbindung" führt bei Kindern häufig zu ernsthaften mentalen und psychischen Problemen.

Die Helikopter-Mütter haben ein wasserdichtes Alibi. Die Welt und besonders das Leben in den großen Städten ist sehr viel gefährlicher geworden, und das stellt Eltern vor eine wichtige Entscheidung: Werde ich versuchen, mein Kind gegen alles Übel dieser Welt zu beschützen, oder werde ich meinem Kind beibringen, in der Realität zurechtzukommen? Es besteht kein Zweifel, dass die zweite Option die weisere Entscheidung ist, wenn es um die Lebensqualität des Kindes geht – sowohl während der Kindheit als auch im Erwachsenenalter –, auch wenn die erste vielleicht die kurzfristigen Bedürfnisse der Eltern und deren Wunsch, sich nie etwas vorwerfen zu müssen, besser erfüllt.

Diese Überlegung ist für alle Eltern wichtig, denn statistisch gesehen geschehen nur etwa dreißig Prozent dessen, was wir als Eltern sagen und tun, in der Absicht, dem Kindeswohl zu dienen. Die restlichen siebzig Prozent bedienen nur unser Image, unser Ego und unser Selbstbild. Das ist an und für sich in Ordnung, aber es wird zum Glücksspiel, wenn wir uns nicht wenigstens ansatzweise dieses Unterschiedes bewusst sind und wenn unsere Kinder dann nicht so reagieren, als wäre alles, was wir ihnen zu geben versuchen, aus purem Gold. Wussten Sie, dass Kinder in allen Kulturen etwa fünfundsechzig Prozent der Zeit ungehorsam sind? Das sind die Momente, in denen Ihre Kinder entweder Ihre Verlässlichkeit und

Weisheit testen oder es einfach besser wissen als Sie. Wenn sie Ihnen vertrauen, stellen sie sich Ihnen offen entgegen, und wenn nicht, tun sie es hinter Ihrem Rücken. Denken Sie daran, Ihren Kindern hin und wieder für beides zu danken! Es kann passieren, dass sie Ihr Image beschädigen oder Ihr Ego verletzen, aber sie machen Ihnen ein Geschenk, ohne das sie nicht in der Lage wären, ihre Integrität unversehrt zu bewahren – und Sie wären nicht in der Lage, das zu lernen, was Sie lernen müssen.

Mein Kind als Projekt!

Es gibt eine ganze Menge Eltern, die relativ starke und auch starre Vorstellungen in Bezug auf das Leben und die Zukunft ihrer Kinder haben, und sie strengen sich sehr an, diese durchzukriegen. Manchmal wollen sie „nur", dass ihre Kinder glücklich sind, und manchmal wollen sie, dass sie weltbekannte Musiker, Sportler, Physiker, Anwälte, Models und so weiter werden.

- Oft widmen sie einen Großteil ihrer Zeit und ihrer Energie ihrem Projekt, sie verbringen viel Zeit mit ihren Kindern und kontrollieren jedes Detail ihres Lebens.

- Oft versuchen sie, ihre Kinder dazu zu bringen, die eigenen aufgegebenen Träume zu verwirklichen.

- Sie neigen dazu, in Gedanken schon in der Zukunft zu sein und dem Hier und Jetzt weniger Beachtung zu schenken.

Mögliche Probleme:

-   Die Eltern legen die Identität des Kindes fest, und wenn das Kind kooperiert und sich dem anpasst, wird es an irgendeinem Punkt seines Lebens eine schwere Existenzkrise durchmachen.

-   Diese Krise kann zu einem vollständigen Beziehungsabbruch zwischen Kind und Eltern führen.

-   Das Projekt von jemand anderem zu sein, reduziert das Kind auf ein Objekt, was zu einer eher suboptimalen Beziehung führt.

Die meisten Eltern haben Träume und gute Wünsche für ihre Kinder, und das ist gar kein Problem. Es wird erst zum Problem, wenn Eltern den sehr schmalen Grat zwischen Traum und Projekt überqueren. Die meisten Kinder – vor allem Erstgeborene und Einzelkinder – werden bei dem Projekt und dem Management ihrer Eltern freudig mitmachen, weil sie die intensiv miteinander verbrachten Zeiten mit Üben, Wettkämpfen und Vorsingen genießen. Das bedeutet für Sie als Vater oder Mutter, dass Sie sich dafür entscheiden können, meine Warnungen zu ignorieren und Ihre Mission mit einem reinen Gewissen weiterzuverfolgen, oder dafür, ein wenig in sich zu gehen und Ihre wahren Motive zu entdecken. Leider können Sie sich nicht auf das positive und bestätigende Feedback Ihres Kindes verlassen, denn dieses kooperiert einfach nur. Erst wenn Ihr Kind sich weigert mitzumachen, können Sie sich auf seine Offenheit verlassen.

Teenager

Eine der tiefgreifendsten Veränderungen, die sich in den letzten circa dreißig Jahren im Leben von Familien beobachten lässt, ist, dass es heute viel mehr vernünftige und sinnvolle Gespräche zwischen Eltern und ihren Kindern im Teenageralter gibt als vielleicht je zuvor. In dem Großteil der Familien, denen ich als Familientherapeut begegne, sprechen die Jugendlichen ganz frei, und dabei schauen sie ihren Eltern in die Augen. Wenn man das mit der Zeit vor gerade einmal zwanzig Jahren vergleicht, als sie noch auf den Teppich starrten und „ich weiß nicht" murmelten, wenn sie etwas gefragt oder mit etwas konfrontiert wurden, ist das eine dramatische Veränderung. In Hinsicht auf die mentale Gesundheit und das Wohl der gesamten Familie stellt das eine eindeutige Verbesserung dar, die nur durch aufmerksame, rücksichtsvolle und gewaltlose Eltern möglich gemacht wurde.

Es gibt jedoch so viele Mythen, die sich um die Pubertät ranken, so viele Warnungen von Experten und so viele neue Gefahren, dass manche Eltern dazu neigen, panisch zu werden und eine Art Elternschaft mit Turbo-Antrieb zu starten – in der Hoffnung, doch noch Perfektion zu erreichen. Das ist ein Grund. Ein weiterer Grund ist, dass sie im Leben ihrer Kinder nach wie vor Ansprechpartner und jemand mit Verantwortung sein wollen. Also versuchen sie, ihre Rolle als die Klügeren noch ein bisschen länger zu behalten – nur noch ein paar Jahre. Wenn das passiert, wird oft ein großer Teil der Mythologie zu Wirklichkeit, und die Familie erlebt Machtkämpfe, gebrochene Regeln und Vereinbarungen, widerspenstiges, geschmackloses und riskantes Verhalten sowie Entfremdung.

Die hauptsächliche Ursache dieses Phänomens ist, dass Kinder bis zur Pubertät darauf angewiesen sind, dass die Eltern ihnen Anleitung und Lebenserfahrung bieten – und zwar an vorderster Front, dort, wo alles passiert. Wie bereits beschrieben, brauchen Kinder Eltern mit Überblick, Erfahrung und der Fähigkeit, in möglichen Konsequenzen zu denken – Eigenschaften, die diese idealerweise besitzen. Sie brauchen Eltern, die Entscheidungen auf der Grundlage von „was für dich das Beste ist, meine liebe Tochter" treffen. Von dem Augenblick an, in dem im Leben des Kindes die dramatische psychosexuelle Veränderung namens Pubertät eintritt, wird das vollkommen anders. Das Kind beginnt, seine eigene Identität und sowohl die Werte der Eltern als auch die eigenen zu hinterfragen, und es durchlebt oft einige Jahre, in denen es keine deutliche Vorstellung davon hat, wer es „wirklich" ist. Das kann ein stiller, innerlicher Prozess sein oder eine richtiggehende Krise – was auch immer es ist, jetzt ist es für die Eltern an der Zeit, zu begreifen, dass sie vielleicht wussten, wer ihr Kind *war,* aber nicht, wer es jetzt, heute oder morgen ist. Diese Tatsache macht die Aussage „ich kenne dich, deshalb weiß ich, was für dich am Besten ist" so unglaubwürdig und provokativ.

Als Teenager braucht Ihr Kind von Ihnen zwei Dinge: Vertrauen, Vertrauen und noch mehr Vertrauen und dann, dass Sie als Eltern eine neue Rolle für sich finden. Für Ihre Kinder ist es jetzt wichtig – genau wie für Sie –, dass Sie sich von der vordersten Front in ihrem Leben zurückziehen und als Sicherheitsnetz für den Notfall verfügbar sind. Sie sollten Ihre emotionale Präsenz, Ihr Engagement und Ihr Interesse nicht beschneiden, aber sorgen Sie dabei für etwas Distanz beziehungsweise für genügend zeitlichen Abstand. Seien Sie diskret und höflich, und respektieren Sie die Privatsphäre Ihrer Kinder, und diese werden Ihnen auf die gleiche Weise begegnen. Ihre Aufgabe und Ihr Interesse als Mutter oder Vater bestehen nach wie vor darin, für Ihr Kind, für sich selbst und für die Beziehung zu Ihrem Kind Sorge zu tragen – jetzt allerdings auf andere Art und Weise, nämlich so, dass mit der Zeit eine echte Freundschaft zwischen Erwachsenen entstehen kann.

Die konstruktivere und überzeugendere Alternative ist es, die Rolle des „Sparringspartners" zu übernehmen. Dieser Begriff kommt aus dem Profiboxen, wo jeder aufstrebende Champion einen Sparringspartner hat, der ihm hilft, in Form zu kommen und die Meisterschaft zu gewinnen. Die Aufgabe des Sparringspartners ist es, *maximalen Widerstand zu bieten und minimalen Schaden anzurichten.*

Der Widerstand ergibt sich aus Ihren Werten, Ihrer Erfahrung, Ihrem Überblick und Ihrer Weisheit, und all das müssen Sie Ihrem Kind im Teenageralter anbieten beziehungsweise mit all dem müssen Sie es konfrontieren, wann immer es Sie um Ihre Meinung oder Erlaubnis bittet oder etwas tut, mit dem

Sie nicht einverstanden sind. Aber achten Sie darauf, das auf eine Art und Weise zu tun, die Ihrem Kind genug Raum lässt, sich selbst zu entscheiden und seinen eigenen Weg zu wählen. Denken Sie daran, dass der Sinn des Wachsens darin besteht, erwachsen und zu einer echten und eigenständigen Person zu werden und nicht bloß zu einem Klon. Indem Sie das tun, werden Sie den Prozess nicht behindern, und Sie können sicher sein, dass Ihr Kind Sie ernst nimmt – auch wenn Teenager das üblicherweise nicht offen zugeben.

Manche Teenager haben Phasen, in denen sie schlicht und einfach unerträglich sind. Falls Sie die Neigung dazu haben, das Ganze persönlich zu nehmen, sollten Sie vielleicht bei der Neurowissenschaft Rat suchen – die berichtet, dass sich fünfundsechzig Prozent des Gehirns eines Teenagers während der Pubertät im Umbau befinden. Mit anderen Worten: Versuchen Sie, es nicht persönlich zu nehmen und es auch nicht als Beweis dafür zu sehen, dass Sie versagt haben. Das ist nur die Natur, die dort, wo bisher die Kultur herrschte, die Macht übernimmt. Das abschließende Feedback zu Ihren Bemühungen als Eltern werden Sie bekommen, wenn Ihr Kind selbst Vater oder Mutter wird oder wenn es dreißig wird. Was auch immer Sie dann sehen werden, es wird zu spät sein, Ihr Kind zu ändern, doch es ist nie zu spät, sich selbst zu ändern.

Sie sind jetzt frei, Ihr Leben, Ihre vernachlässigten Interessen und Ihren Partner in vollen Zügen zu genießen – und mit etwas Glück gelegentlich auch die

Rolle des Beraters, wenn Sie dazu eingeladen werden.

Ob Sie auf dem Weg Fehler gemacht haben? Oh ja – eine Menge! Die allerbesten Eltern, die ich kenne, machen jeden Tag etwas zwanzig Fehler, und wenn Ihr persönlicher Durchschnitt nicht über dreißig liegt, bleiben Sie locker und vergeben Sie sich selbst. Wenn Sie sich zu den Fehlern bekennen, die Sie bemerken, werden Sie nicht nur vermeiden, sich die ganze Zeit schuldig zu fühlen – Sie werden auch ein gutes Vorbild sein, und Ihre Kinder werden Sie für immer lieben. Was wir heute als Eltern zu erreichen versuchen, ist allerdings wesentlich ambitionierter und anspruchsvoller – dass unsere Kinder so aufwachsen, dass sie auch sich selbst lieben!

Nach der Kindheit

Für einen Familientherapeuten ist es oft rätselhaft, dass das Interesse an der Eltern-Kind-Beziehung fast vollständig erlischt, sobald die Kinder das Haus verlassen. Wir wissen, dass die Qualität der Elternschaft während der Kindheit nicht nur in den ersten achtzehn Jahren des Kindes entscheidend für das Wohlergehen von Kindern und ihren Eltern ist – sie spielt auch in den darauffolgenden Jahrzehnten eine wichtige Rolle.

Ich spreche nicht von den Narben und dem selbstzerstörerischen Verhalten, mit denen alle Kinder in ihren Familien zu tun haben und die sie übernehmen. Diese Probleme sind bekannt, und über sie wird häufig diskutiert. Ich interessiere mich eher für die über fünfzig Prozent aller Familien, in denen die Beziehung zwischen Eltern und erwachsenen Kindern zu einem Grad gestört ist, dass dies alle Beteiligten essentieller Lebensqualität beraubt.

Wenn es um Familien beziehungsweise Großfamilien geht, dann stoßen wir schon innerhalb Europas auf enorme kulturelle Unterschiede, auch in Bezug auf Werte und Rituale. Es gibt die modernen nordwestlichen „Ich-Familien", die dazu tendieren, das Wohlbefinden des Einzelnen in den Vordergrund zu stellen, und es gibt die süd- und osteuropäischen „Wir-Familien", die den Schwerpunkt darauf legen, die ganze Gruppe zusammen und zufrieden zu halten. Dazu haben wir noch Millionen von Einwanderern, die der Tatsache gegenüberstehen, dass ihre Jugendlichen mehr persönliche Freiheit verlangen. Abgesehen von den kulturellen Aspekten erleben all diese Familientypen Varianten des gleichen grundlegenden existentiellen Konfliktes: des Konfliktes zwischen Anpassung und persönlicher Integrität. Dieser Konflikt ist ein ewiges Thema in allen Familien, und zu ihm gehören sowohl Phasen der Ruhe und der Harmonie als auch Schlachten und Kriege. Das Wichtigste für die Gesundheit aller Beteiligten und auch für die Familie als Ganzes ist, dass solche Konflikte innerhalb der Familie zum Vorschein kommen dürfen.

Als Mutter oder Vater von kleinen Kindern haben Sie die Möglichkeit, eine Menge Unglück und Entfremdung zu verhindern, indem Sie einige der von mir beschriebenen Aspekte in Ihren Führungsstil integrieren.

- Persönliche Autorität wird nicht nur dazu führen, dass Ihre Kinder sich sicher fühlen und Sie respektieren, sie wird Ihren Kindern auch helfen, ein gutes Gespür für die eigenen Bedürfnisse, Wünsche und Grenzen zu entwickeln. Auf diese Weise werden sie stark genug, ihren eigenen Weg zu gehen, wann immer das nötig ist.

- Persönliche Verantwortung wird für Ihre Kinder im Teenager- und im Erwachsenenalter den Weg bereiten, eher verantwortungsvoll als gehorsam zu werden.

- Diese beiden Folgen Ihrer elterlichen Führung

werden dafür sorgen, dass Sie und Ihre Kinder sich immer nah sein werden, egal wie oft Sie sich sehen.

Es gibt eine Menge neuer Dinge, die beide Generationen lernen können. Die Zukunft von Mehrgenerationenfamilien, multikulturellen Familien und multireligiösen Familien ist nicht festgelegt, sondern vollkommen offen – und sie lädt uns alle dazu ein, uns einzubringen und zu ihr beizutragen.

family/lab.de® – die familienwerkstatt

www.familylab.de
www.familylab.at
www.familylab.ch

familylab.de – die familienwerkstatt ist eine unabhängige Organisation, und die Adresse für Eltern, Lehrer, Mitarbeiter in Unternehmen, die eine solide Basis im Umgang miteinander finden wollen. Für Menschen, die gerne ihre eigenen Werte, im Dialog mit den Erfahrungen von Jesper Juul und familylab bezüglich Familienleben und Kindererziehung, entwickeln wollen.

In der *familienwerkstatt* sind wir Spezialisten darin, Vorträge und Seminare zu gestalten, in denen Eltern und professionelle Fachleute Anregungen und Ideen zu ihrer Arbeit finden können. Und um die bestmögliche Chemie innerhalb der Familie, zwischen Kindern und Erwachsenen, wie auch in Beziehungen innerhalb von Schulen und Betrieben, zu schaffen.

Zum einen haben wir den Wunsch, durch Vorträge, Seminare, Workshops, Symposien, Bücher, Artikel und Filme für Eltern und für Fachleute, die psychosoziale Gesundheit und das Wohlergehen der heutigen und zukünftigen Eltern und Kinder zu verbessern. Damit wollen wir die vielen unterschiedlichen Familien darin unterstützen, gesunde Beziehungen zu schaffen, ohne Gewalt und Missbrauch bei Kindern, Jugendlichen und Erwachsenen.

Zum anderen wollen wir durch öffentliche Bildung, Dialoge, Formulierung von Werten und dem Verbreiten von relevanten, wissenschaftlichen Erkenntnisse die Art und Weise beeinflussen, wie Männer und Frauen über ihre Familien denken und sie aufbauen. Ebenso wollen wir die Werte und das Verhalten in Kinderkrippen, Kindergärten und Schulen so beeinflussen, dass eine optimale Umgebung für ein gemeinsames, soziales, emotionales, kreatives und akademisches Lernen entsteht.

Unsere Vision sind Familien, Institutionen und Gesellschaften mit viel weniger Gewalt, Missbrauch, Sucht und Vernachlässigung. Wir wollen allen guten Willen, Liebe und Hingabe mobilisieren, innerhalb von Familien, Organisationen, wie auch in der Gesellschaft als Ganzem.

»Das Schlüsselwort heißt Beziehung. Ihre Qualität entscheidet über unser Wohlbefinden und unsere Entwicklung als Mensch. Kinder werden mit allen wesentlichen menschlichen Qualitäten geboren und haben daher auch dieselbe Verletzlichkeit und Überlebensfähigkeit wie Erwachsene. Eltern zu sein bedeutet, eine Rolle im Leben einzunehmen, die uns vor große Herausforderungen stellt. – Das sogenannte Problem oder Symptom ist nicht so wichtig. Wichtig ist die Person, die das Symptom trägt. Wir können das Problem nicht lösen, aber wir können Menschen darin unterstützen, destruktive Systeme, Perspektiven und Verhalten ins Konstruktive zu wandeln.« Jesper Juul